AF452249

COURS COMPLET

DE

PEINTURE A L'HUILE

(L'Art, la Science, le Métier du Peintre)

PAR

Ernest HAREUX

TOME I

**OUTILLAGE ET MATÉRIEL — NATURES MORTES — FLEURS, FRUITS
PAYSAGES**

*Deux cents gravures. — Vingt-trois hors texte.
Dix-sept fac-similés en couleurs.*

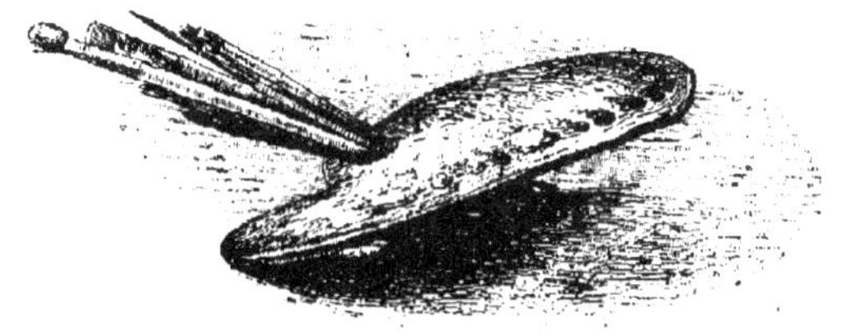

PARIS

LIBRAIRIE RENOUARD — H. LAURENS, ÉDITEUR

6, RUE DE TOURNON, 6

COURS COMPLET
DE PEINTURE A L'HUILE

FIGURES

Quelques mots sur les peintres de figures. — Nous ne pouvons pas tenter de donner un aperçu historique, comme pour les genres spéciaux dont l'étude a précédé ces chapitres. Cet aperçu, si concis qu'il fût, excéderait les bornes de notre travail. Mais, avant de commencer à exposer nos conseils sur l'art de peindre la figure, nous demandons au lecteur la permission de placer ici le fac-similé d'une lettre que le grand artiste Puvis de Chavannes avait eu l'obligeance de nous écrire, quelques mois avant sa mort, pour être publiée dans ce livre. Nous savons combien tout ce qui touche aux hommes de génie intéresse ceux qui ne connaissent que leurs œuvres ; et leur écriture particulièrement est une des curiosités à laquelle on attache le plus de prix. C'est donc autant pour satisfaire cette si légitime curiosité, que pour donner au grand homme le témoignage public de notre très grande reconnaissance que nous reproduisons intégralement la lettre qu'on trouve plus loin.

Cette lettre si intéressante, prouve, avec tout ce qui a été dit précédemment, que sans le don on ne pourrait jamais espérer arriver à un bon résultat, et comme le dit si spirituellement le maître regretté en terminant sa lettre, le métier qu'un peintre pourrait acquérir sans le don, n'en ferait pas un artiste, « on n'aurait qu'un singe de plus et voilà tout ».

L'écriture du grand peintre (on en pourra juger, car nous publions la lettre en fac-similé) est tout à fait caractéristique. Calme et majestueuse, elle évoque la maîtrise des admirables fresques du Panthéon.

Paris 12 Juin 98

avenue de Villiers 89

Mon cher Hareux

Quand vous m'avez demandé
de vous dire sous forme épisto
-laire quelle devait être selon
moi ce <u>la qualité principale
qu'un jeune artiste doit
chercher à acquérir, s'il veut
apprendre l'art de la peinture
décorative »</u> j'ai d'abord

été un peu effrayé tant
la question m'a paru
comporter de développements

et excéder les limites ordinaires
d'une lettre.

Mais, en y réfléchissant elle
s'est simplifiée dans mon
esprit en ce sens qu'une
constatation s'impose
d'abord et domine tout:
le jeune artiste est-il doué?
s'il est doué il ira de lui-
-même aux sources inspi-
-ratrices, son instinct lui
fera rechercher et découvrir
les règles essentielles de son
art, il les subordonnera à
son tempérament, de la ~~rigu~~
rigueur il les créerait.

s'il n'est pas doué,

tout devient lettre morte et confusion, on aura un singe de fleurs et voilà tout — amitiés R. Pauwis

De la nécessité d'apprendre le dessin, la perspective et l'anatomie pour peindre la figure. — Lorsqu'on commence à faire de la peinture, sans aucun conseil, c'est généralement par la représentation des objets qu'on débute, non parce que les préférences vont à la nature-morte ou aux fleurs, bien loin de là, mais parce que l'on n'ose pas attaquer tout de suite un paysage ou une figure. On sent instinctivement qu'il y a une distinction à faire dans les difficultés inhérentes à chaque genre et que pour la figure, il faut des connaissances spéciales. La pensée de peindre un portrait arrive aussi tout naturellement, quand on préfère les tableaux de figures aux paysages, parce que l'on sent le besoin de copier un modèle immobile avant d'espérer peindre des figures tout entières et dans des actions diverses, mais jamais on ne peut s'imaginer que pour peindre une tête il soit indispensable de savoir dessiner très correctement, en connaissant l'ostéologie et l'anatomie. Il faut, que la pensée de ces connaissances indispensables soit suggérée par un artiste au peintre amateur qui autrement travaillerait sans aucun espoir de progrès.

La perspective est une science aussi indispensable au peintre de figure que celle de l'anatomie. C'est par la perspective que l'on apprend l'orthographe des formes, qui détermine l'exacte proportion de chaque chose et de chaque plan ; sans ces connaissances, il est impossible de prétendre à un résultat, même médiocre.

Quand un jeune artiste a terminé ses études classiques et qu'il veut se destiner entièrement à la peinture, les moyens de s'instruire qui s'offrent à lui sont nombreux ; les plus rapides consistent à apprendre les premiers éléments du dessin avec un professeur quelconque, soit dans une école municipale, soit en entrant tout de suite à l'atelier d'un artiste de talent. Quand il aura appris à dessiner correctement une académie d'après l'antique, le maître lui permettra de dessiner le modèle vivant et conseillera à son élève la fréquentation des cours qui se font à l'École des Beaux-Arts, où des professeurs émérites enseignent toutes les sciences, anatomie, perspective, géométrie, histoire de l'art et du costume, etc., etc.... Enfin, lorsque le jeune néophyte aura acquis les notions suffisantes de toutes ces sciences, il subira le concours annuel pour l'admission à un atelier de l'école et s'il dessine suffisamment, il sera reçu à ce concours que l'on nomme concours des places. Avec ce premier grade, il sera pris dans l'engrenage de l'enseignement de l'art officiel qui peut le mener au prix de Rome, et lui montrera la route de l'Institut auquel on aboutit quelquefois.

Les artistes qui, dès leurs premiers pas, se trouvent ainsi guidés par des maîtres compétents n'ont rien à apprendre dans cet ouvrage. Il n'est écrit que pour tous ceux qui aiment passionnément l'art de la peinture, mais qui n'ont pu en faire leur carrière, ou bien encore, pour les personnes qui sont placées trop loin des grandes villes pour pouvoir obtenir des conseils éclairés, pour tous ceux enfin qui, pour diverses raisons, travaillent seuls et sans guide.

Quand on a le désir d'apprendre à peindre la figure, si l'on veut faire une économie de temps qui permette de rapides progrès, il faut commencer par apprendre à dessiner, puisque l'on ne peut rien produire de passable sans la science du dessin. Il est d'ailleurs fort rare que l'idée de peindre la figure, vienne à une personne qui ne possède aucun élément de dessin, parce que l'on sait généralement que pour *attraper la ressemblance* (terme consacré) il faut savoir dessiner. C'est aussi pour cette raison que l'on voit tant d'amateurs se livrer à l'art du paysage s'imaginant que c'est un genre plus facile parce qu'il n'exige pas une aussi rigoureuse exactitude de la forme ; erreur grave dont les plus doués s'aperçoivent bientôt.

Nous supposerons ici que l'élève dessine suffisamment pour essayer de peindre. Pour lui épargner des débuts trop difficiles qui pourraient le rebuter, nous lui conseillerons de peindre quelques natures-mortes avant d'entreprendre de peindre une tête. Ces essais lui révéleront tous les procédés indispensables à connaître pour l'emploi des couleurs et des liquides et il trouvera dans la partie de cet ouvrage qui traite *Les Natures-Mortes*, tous les renseignements désirables.

Premières études. — L'étude des têtes d'après la bosse est indispensable ; il faudra donc se procurer de bons moulages d'après l'antique, ce qui est extrêmement facile, puisque tous les marchands de fournitures pour artistes en vendent. Il n'y a qu'à leur demander ce que l'on désire, après avoir consulté leur catalogue illustré. Parmi ces moulages, on verra celui d'une tête de mort et si l'on n'a pas chez soi une véritable tête, ce qui vaut beaucoup mieux pour faciliter toutes les poses, il faudra pour le moins se munir d'un moulage.

Il sera très utile de se procurer le moulage sur nature du masque de Géricault (le peintre) ou de tout autre masque moulé sur un cadavre,

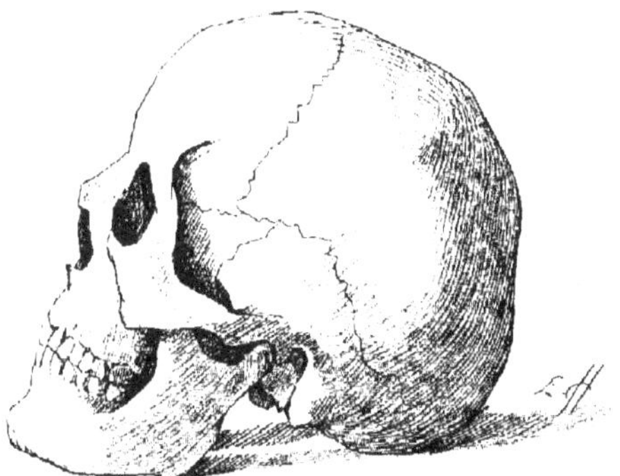

Os d'une tête (vue de profil).

parce qu'on pourra le comparer à la tête du squelette, et que l'on y remarquera un grand nombre de détails et de choses utiles, qui expliqueront mieux, que tout ce qu'on pourrait écrire, les lois mystérieuses de la structure humaine.

La première chose qui s'impose, est la connaissance des os. Il n'est pas possible de dessiner et de construire convenablement une tête sans

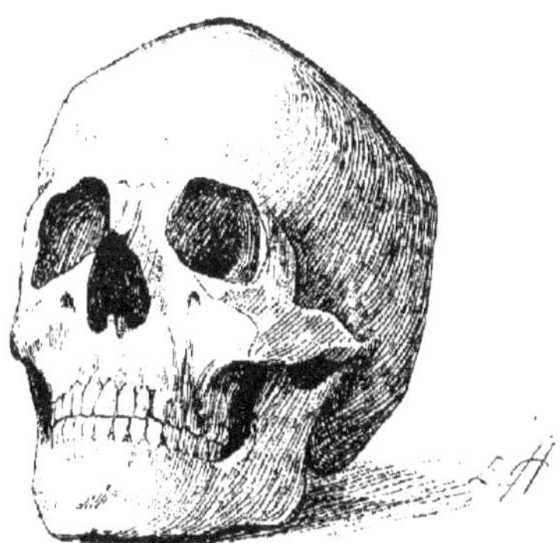

Os d'une tête (vue de face).

la science parfaite du squelette. Nous engageons vivement les commençants à ne pas négliger ces études ; elles doivent même leur être familières au point de savoir les dessiner de mémoire dans tous les mouvements. Quand ils auront obtenu ce résultat, il mettront en place toutes

les têtes possibles avec plus de facilité, car ils indiqueront la place des
os en construisant des ensembles avec la sûreté que donne la connaissance des dessous. Ne doit-on pas se souvenir de cet axiome émis
par Charles Busson, le peintre paysa-
giste : « Avec un bon dessous et un
mauvais dessus, on peut encore faire
une œuvre passable ! En faisant le
contraire, on n'aboutit qu'à une chose
pitoyable. »

Après avoir étudié la tête avec le
squelette, il faudra continuer par des
études d'ensemble et dessiner le squelette de face, de dos, de profil, assis
normalement, assis avec des raccourcis, etc. Toutes ces études sont fort
intéressantes, beaucoup plus, même
qu'on ne l'imagine et plus tard, elles
seront d'un très grand secours pour
comprendre des formes de raccourcis
qui sont si curieuses et si inexpli-
cables, quand on ne sait pas ce qui en
motive la construction.

Il est facile de se procurer un
squelette articulé chez tous les natu-
ralistes des grandes villes ; c'est une
acquisition presque indispensable à
faire pour tous ceux qui veulent peindre la figure. On peut d'ailleurs louer
au mois seulement, un squelette dont
on se servira pour faire quelques
études dans les diverses poses citées
plus haut, mais nous insistons vivement pour que l'élève ne peigne des
figures d'après la bosse et d'après
nature qu'après ces études d'ostéologie qui sont de première utilité.

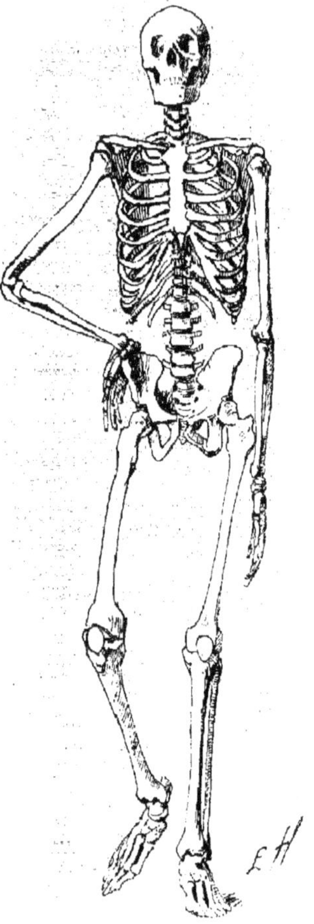
Squelette d'homme.

La première étude que l'on devra peindre sera une tête d'après la
bosse, tous les modèles peuvent servir à cette étude ; mais il serait préférable de simplifier les difficultés en ne peignant d'abord qu'un profil
et en plaçant le plâtre de façon à ce qu'il soit éclairé fortement pour que
les plans d'ombre en soient très accusés.

Le moulage de la tête de Géricault sera excellent pour cette première
étude, mais à défaut de ce plâtre, tous les autres pourront le remplacer.

Le dessin de la page 9 montre comment on devra éclairer le modèle.

Nous avons donné, dans le cours de cet ouvrage, différents procédés pour dessiner sur toile, avant de peindre ; en les lisant, on aura probablement éprouvé le désir de les essayer, c'est pourquoi nous ne voulons pas ennuyer le lecteur par une redite qui serait longue et fatigante. On aura donc toute liberté de choisir le procédé pour établir le dessin, pourvu qu'on étudie aussi les principales valeurs, ombres et lumières, afin de bien se renseigner sur les proportions de chaque partie et ne

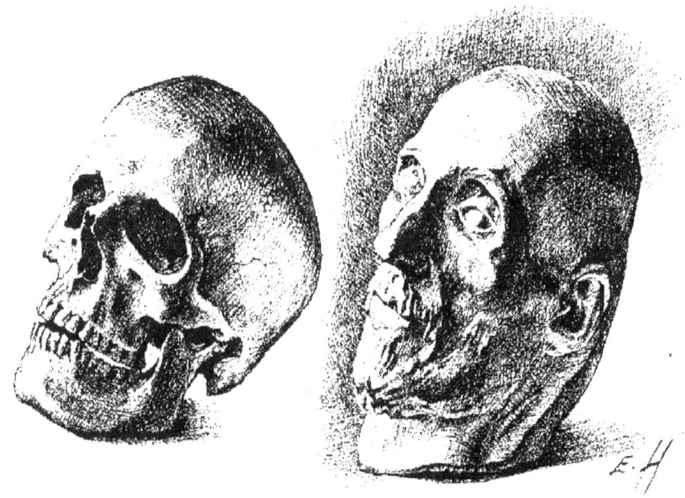

Os d'une tête (vue de trois quarts) comparée à la tête de Géricault moulée sur nature.

pas être exposé à constater en peignant que l'on n'a pas la place nécessaire pour mettre telle ou telle chose ; s'il en était ainsi, on serait entraîné à des corrections de dessin en peignant, et la couleur se salirait.

Nous supposerons donc que le dessin a été établi au moyen d'un trait de fusain, en massant les ombres seulement, ainsi que le montre le croquis, page 10, et que l'on aura choisi une toile ordinaire, apprêtée blanc ou gris clair (le blanc est préférable). On sait que le liquide contenu dans le godet devra être composé de trois parties égales : huile de lin, essence de térébenthine et siccatif de Harlem ou de Courtrai.

La palette sera chargée au début et pour la première séance avec les tons suivants : blanc d'argent, blanc de zinc, vermillon, ocre rouge, ocre jaune et noir d'ivoire. A l'aide du couteau à palette, on fera un ton chaud, composé de blanc, noir, ocre jaune et ocre rouge, tel que celui qui est indiqué par la planche en couleurs page 13.

Lorsque tout sera ainsi bien disposé, on prendra un pinceau à filets et en le trempant uniquement dans l'essence contenue dans le pincelier. on délaiera sur la palette le ton composé, afin de l'employer en jus ; puis la main étant bien assurée par la baguette appuie-main, on tracera un

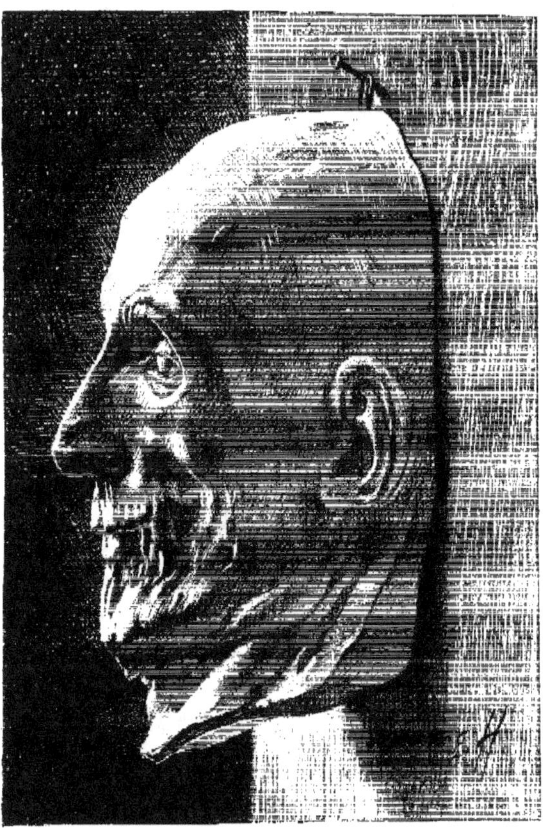

Manière d'éclairer le plâtre pour la première étude peinte.

trait pour fixer le dessin (voy. la planche p. 13). On laissera pendant cinq ou dix minutes s'évaporer l'essence, puis à l'aide d'un plumeau. on époussètera le fusain pour qu'il ne reste rien qui vienne salir le ton quand on dessinera les ombres et les demi-teintes.

Les ombres se peindront ensuite en se servant du liquide contenu dans le godet pour éclaircir plus ou moins le ton. En aucun cas on ne devra employer la couleur en pâte pour faire ce dessin et les parties les plus foncées ne devront jamais être peintes autrement qu'avec un frottis. C'est en réservant le blanc de la toile pour les lumières que l'on devra obtenir l'effet ; tous les moyens sont bons pourvu que l'on obtienne le

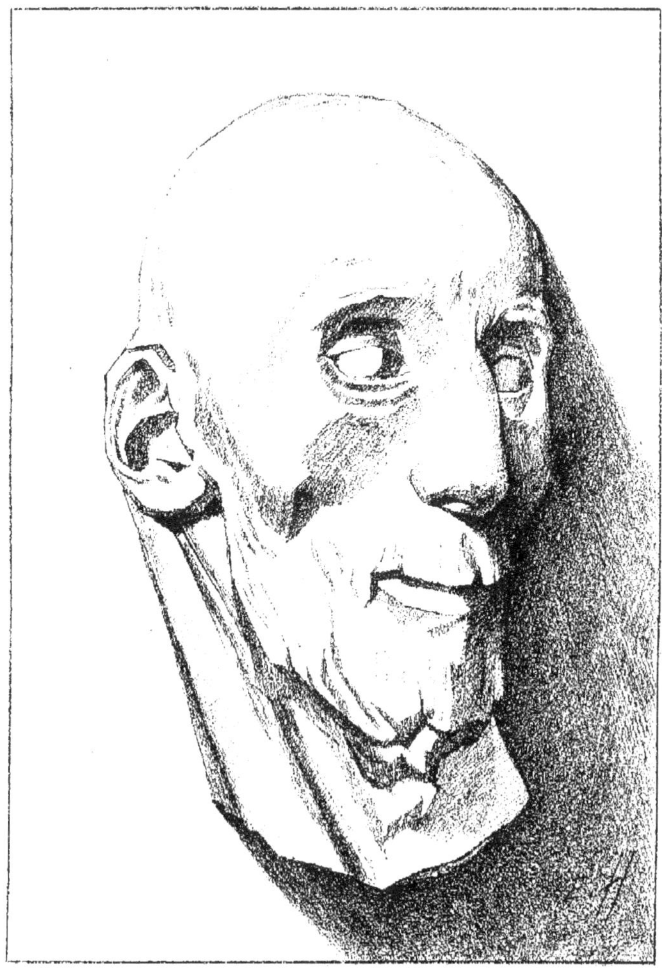

Exemple du dessin au fusain précédant l'étude peinte.

résultat : on pourra donc gratter si l'on veut, pour mettre des lumières, soit avec la hampe du pinceau, soit avec la pointe du grattoir. On aura aussi la ressource d'employer le chiffon et d'essuyer les parties trop foncées pour les ramener à une valeur plus claire. Dans certains cas aussi, l'essence de térébenthine pure sera employée à l'aide d'une brosse très propre, pour ramener le ton blanc de la toile à la place d'une lumière que l'on aura oublié de réserver. Voici comment il faut procéder : on trempe légèrement la brosse dans l'essence, de manière à ce qu'elle soit humectée seulement, mais pas pleine ; on applique la brosse sur la toile, en dessinant la place de la lumière que l'on veut obtenir ; puis on laisse sécher cinq minutes, l'on passe un coup de chiffon très propre sur l'endroit où l'essence a détrempé la couleur et le fond blanc réapparaît. Il faudra s'appliquer à avoir un dessin semblable à celui de la planche page 13 ; il doit servir de modèle pour le résultat à obtenir. Les papiers apprêtés pour peindre sont aussi très bons et peuvent être employés pour économiser sur le prix de la toile ; mais généralement les préparations de ces papiers sont *maigres*, l'huile est entrée dans la pâte du papier, et la couleur *embue* devient sèche et rêche, comme le serait la couleur à la colle. Il résulte de cet apprêt maigre, que le procédé indiqué ci-dessus devient très difficile à pratiquer quand on n'a pas encore l'habitude de son emploi, mais il est facile de remédier à cet inconvénient en se servant d'un liquide très gras. Au lieu d'employer pour sa composition les trois parties habituelles, on ne met que quelques gouttes d'essence dans l'huile et le siccatif, et même pas du tout d'essence, si l'apprêt est trop maigre. On n'emploie alors que de l'huile de lin, mêlée d'un tiers de siccatif pour que le dessin sèche du jour au lendemain, et on a tout le temps nécessaire et toutes les facilités pour modeler, avant que le liquide n'ait pénétré dans le papier.

Quand ce dessin sera sec, on repeindra dessus en copiant les tons du plâtre aussi justes que possible ; c'est ce qu'on nomme peindre en grisaille ; nous allons expliquer dans le chapitre suivant comment on doit procéder.

L'étude en grisaille. Ébauche. — La peinture en grisaille a toujours intéressé vivement les peintres : non seulement les plus grands maîtres s'en sont souvent servi pour décorer les monuments en imitant des frises en bas-relief, des pilastres, des cariatides, etc., mais encore beaucoup l'ont employé comme moyen d'étudier et de préparer les dessous de leurs tableaux. Ces procédés sont presque abandonnés à notre époque où l'on cherche surtout l'impression générale, sans s'arrêter au métier.

Du reste, les artistes sachant peindre, connaissant bien les ressources de l'exécution, se font de plus en plus rares, chacun veut trouver un procédé personnel ; les traditions ne se transmettent plus et s'il ne surgit pas quelques jeunes artistes de talent, *sachant peindre*, l'art entrera dans une période de décadence funeste, à la mort des maîtres modernes qui ont le souci de bien peindre. L'impression est certainement la première des qualités à acquérir. puisque c'est elle qui nous attire ou nous repousse selon qu'elle est bonne ou mauvaise ; mais ce n'est pas tout dans une œuvre d'art. Quand on a été attiré par l'impression, il faut être retenu par l'exécution ; car si l'exécution n'est que secondaire, elle n'en est pas moins importante. Il ne suffit pas d'avoir de l'esprit, il faut que cet esprit soit cultivé pour briller aux yeux des délicats. Lorsqu'une peinture ne nous montre qu'une impression juste, nous ne pouvons la regarder longtemps, c'est comme une jolie femme dont la conversation nous ennuie.

Lorsque l'on s'apprête à peindre une grisaille, il est nécessaire de préparer des tons à l'avance, sur la palette, pour faciliter les recherches. Voici ce que l'on devra faire : la palette sera chargée des couleurs mères au premier rang et elles seront placées absolument dans l'ordre prescrit (Voy. aux *Natures-Mortes*). Nous ne prétendons pas affirmer que cette manière soit la seule, l'unique, la meilleure, et qu'il faut exclure toutes les autres. Non, mais c'est celle que Daubigny employait et elle est très bonne. On sera libre d'ailleurs de faire sa palette d'une autre manière si on le trouve préférable par la suite. Dans tous les cas il sera nécessaire, indispensable même, d'adopter une manière de charger la palette et de n'en plus sortir ; cela a une importance considérable au point de vue de la rapidité du travail. La palette est le clavier du peintre, il faut donc qu'il n'ait aucune hésitation à toucher la couleur, sachant bien où elle se trouve ; s'il prenait l'une pour l'autre, il en résulterait une perte de temps et des inconvénients fort désavantageux pour la fraîcheur et la justesse des colorations.

Les deux figures de notre planche en couleurs page 15 montrent l'ébauche de la grisaille et la grisaille terminée. Voici comment il faudra procéder pour l'ébaucher : le plâtre pourra être accroché au mur et placé sur n'importe quel ton, c'est-à-dire que le mur pourra être tendu d'un papier peint quelconque ou de telle étoffe qu'on voudra ; mais il sera nécessaire que le plâtre soit fixé au mur, sur lequel il portera une ombre. L'importance de cette condition, c'est que l'éloignement du fond sera déterminé ; il n'est en quelque sorte qu'un second plan sur lequel on peut encore voir des détails, tels que des plis d'étoffe, des dessins du papier, des trous dans le mur, ou d'autres clous avec leurs ombres portées, etc. Nous parlerons plus loin du fond véritable quand nous nous occuperons de la ronde bosse et des objets d'après nature. Le choix du fond a une très grande importance dans tous les tableaux, parce qu'il peut détruire ou avantager le sujet principal, mais avant de nous étendre davantage sur ce sujet, nous dirons tout de suite que dans l'étude qui nous occupe, le fond n'a d'autre importance que celle de sa coloration, dont le choix doit influencer toute l'étude. Il sera préférable pour l'harmonie de l'ensemble de ne pas mettre comme fond, une coloration trop vigoureuse, car on sait que ce n'est pas en plaçant un plâtre blanc sur

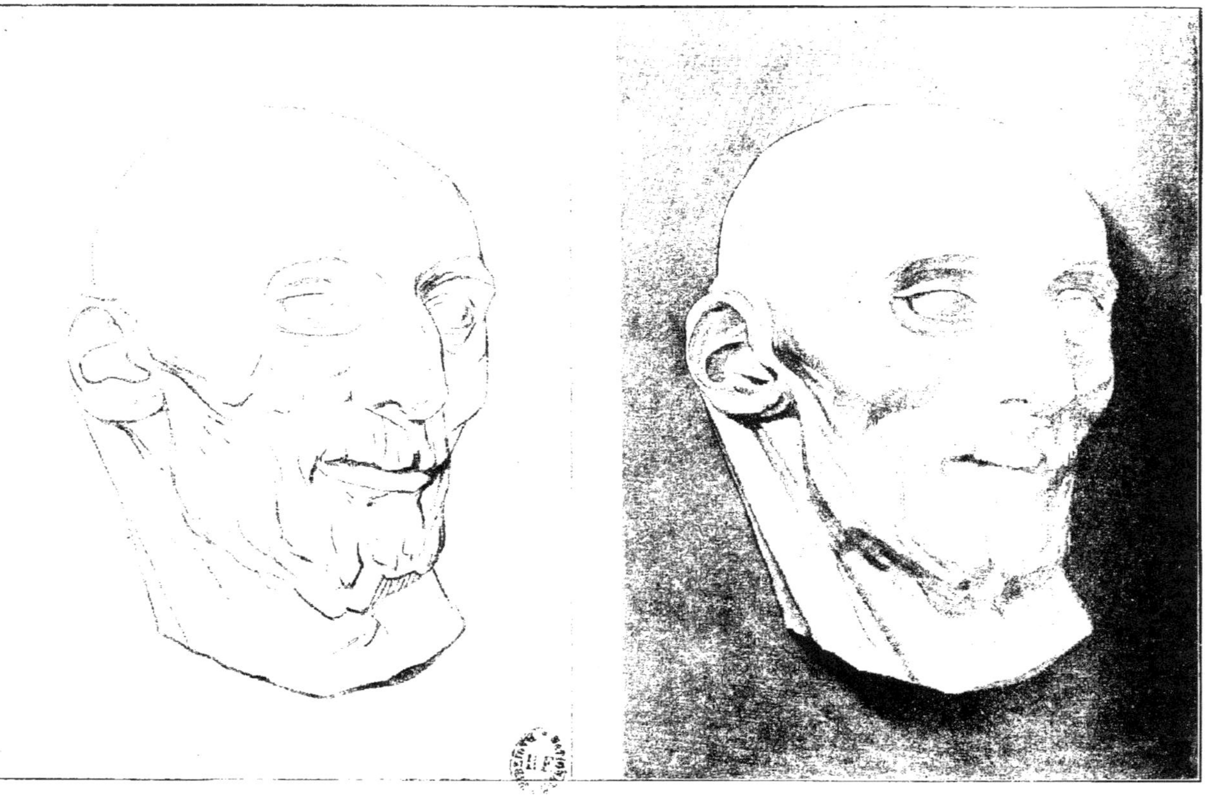

ÉTUDE D'UNE TÊTE PEINTE EN GRISAILLE. DESSIN PRÉPARATOIRE

une étoffe noire, que l'on obtiendra le plus d'effet, c'est tout le contraire. Pour cette même raison, il sera plus harmonieux de placer un fond rose sur le mur que d'y tendre une étoffe rouge. Quelles que soient les préférences, puisqu'il est convenu que l'on ne doit pas discuter des goûts et des couleurs, on ne devra pas oublier que le plâtre étant blanc, c'est-à-dire incolore, deviendra par sa nature même, du ton complémentaire de celui sur lequel on le posera. Si le fond est rouge, le plâtre sera blanc-vert ; si le fond est violet, le plâtre deviendra rouge orangé, etc... Le choix de l'étoffe dépendra donc de la manière dont on désirera colorer les blancs du plâtre. Avant de commencer l'ébauche on devra préparer une gamme de tons qui facilitera le travail. Cette gamme comprendra trois tons se composant ainsi : un ton d'ombre, un ton local et un ton clair. Ces tons peuvent se composer avec des couleurs très différentes ; nous estimons qu'il est superflu d'en donner ici des aperçus parce que nous supposons que la personne qui exécute une grisaille pour se préparer à peindre d'après le modèle vivant, a déjà exécuté des natures-mortes.

Dans le cas peu probable où le débutant malgré nos conseils voudrait commencer les études de figures par cette grisaille, nous le renverrions à la seconde partie de cet ouvrage (*Natures-Mortes*) où nous avons donné tous les renseignements utiles.

Quand on a composé ces trois tons, on commence par ébaucher l'ombre portée par le plâtre sur le fond. Nous avons choisi pour la planche en couleurs un ton vert, donné par une étoffe de peluche de lin, parce que ce ton clair colore le plâtre de tons chauds ; si l'élève trouve cette coloration agréable, il pourra s'en procurer une semblable quand il peindra d'après le plâtre, mais s'il n'a jamais peint, il sera nécessaire qu'il copie d'abord notre planche, pour mieux se rendre compte de la façon dont on ébauche et comment on termine. Les colorations de la peluche verte seront ébauchées en procédant avec trois tons préparés, comme ceux qui sont prêts à servir pour l'ébauche du plâtre et ils seront posés en commençant par l'ombre, la demi-teinte et la lumière, sans chercher à exécuter. (Voy. la planche p. 15). Le plâtre sera ensuite ébauché, en commençant par les parties les plus foncées, telles que les ombres des yeux, du nez, des lèvres, ainsi que par le côté opposé à la lumière, mais il sera préférable de commencer dans un endroit tel que l'œil dans l'ombre et de poser immédiatement les demi-teintes et le clair qui le modèlent. Puis on continuera par l'ombre du nez, etc...., en terminant l'ébauche des parties dans l'ombre avec leurs reflets et leurs demi-teintes. Reprenant ensuite l'autre œil dans la lumière on l'ébauchera à son tour. Le front sera ébauché ensuite, puis l'oreille dans la lumière, la joue, etc.

Il sera absolument nécessaire de peindre dans le sens de chaque plan et l'on pourra se rendre compte de ces différents sens, en consultant le dessin donné page 15 dont les traits indiquent le sens à donner aux coups de brosses.

Il n'est pas nécessaire de chercher le ton juste dans cette ébauche, ni de mettre tous les tons reflétés par le fond. L'ébauche ne doit pas être autre chose qu'un bon dessin, dont les valeurs sont très justes et dont la pâte de la couleur, raye et prépare les dessous dans un sens déterminé.

Manière de procéder pour achever une grisaille. — C'est par le plâtre que l'on commencera à terminer cette étude, la valeur du fond étant considérée comme juste, on conservera l'ébauche momentanément. C'est d'ailleurs toujours ainsi que l'on procède. Le fond termine l'étude ou le tableau, parce qu'il est alors facile de juger de l'importance que l'on doit donner aux objets qui le composent ou tout simplement aux plis de l'étoffe, si c'est un fond comme celui qui nous occupe en ce moment. Si l'on commençait par peindre le fond, on se laisserait entraîner à le trop détailler et il ne semblerait plus à son plan. Il n'y a aucun inconvénient à commencer par terminer le fond, quand c'est un mur gris qui se trouve directement derrière le plâtre mais généralement quelle que soit l'habitude que l'on ait de peindre, quand on commence par le fond, on se trouve dans l'obligation de le repeindre pour le simplifier quand l'étude est achevée, et cela pour la raison que nous venons de donner. Avant de procéder à la terminaison de la grisaille, il est nécessaire de préparer la palette dont les couleurs doivent être très fraîches pour que les brosses et les pinceaux puissent les saisir facilement. Si l'on n'a pas eu soin de nettoyer la palette après la séance de l'ébauche, il faudra employer le grattoir pour enlever les couleurs sèches et laver la palette avec de l'essence et un chiffon ; ces soins sont indispensables pour la commodité du travail. (Voy. à la première partie *l'Outillage*, les chapitres concernant le nettoyage des outils et de la palette.)

Nous avons expliqué dans la seconde partie comment après avoir placé le premier rang des couleurs mères, on devait placer les tons composés du second rang. Si on a suivi cet ordre, la palette que l'on possède sera très complète, il n'y aura plus alors qu'à refaire trois tons gris dégradés comme on a fait pour l'ébauche et à les employer pour exécuter chaque partie. On devra ajouter à ce qui leur manque pour obtenir les colorations observées, sur le plâtre, les tons composés, ou les couleurs mères ; mais jamais il ne faudra employer tel, un ton tout préparé ; fût-il même très juste, il sera encore nécessaire de lui en adjoindre d'autres de même valeur, pour que le ton une fois posé ne soit pas bouché et sans air, comme le sont les teintes toutes faites dont les peintres en bâtiment couvrent les portes. Les trois tons doivent

donc servir de base ou de guide seulement. Jamais ils ne doivent être
employés seuls pour l'exécution définitive. Les ombres ne seront jamais
empâtées, ceci a une très grande importance et devra être observé stric-

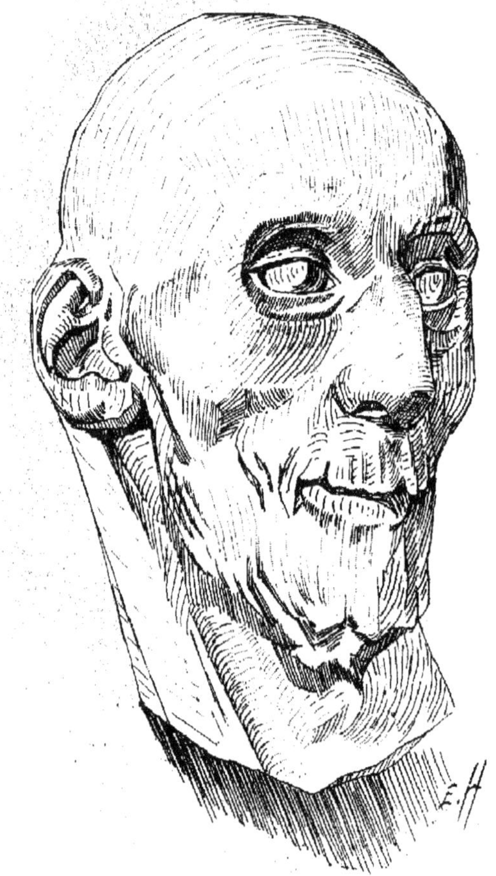

Dessin dont la direction des traits indique le sens à donner aux coups de pinceaux.

tement, les lumières seules pourront être peintes avec autant d'épaisseur
qu'on le jugera utile ; mais nous devons prévenir le débutant que ce
n'est pas par l'emploi exagéré des épaisseurs, que l'on obtient le relief,
ce n'est que par la justesse des valeurs.

Nous penserons avoir donné tous les renseignements suffisants pour peindre une grisaille, en ajoutant que les bords ne devront jamais être peints avec des épaisseurs, exemple : l'oreille dans la lumière, et la ligne du cou, de la joue et du front, ne devront pas être peintes avec empâtement comme le sera la partie lumineuse du nez. Non seulement cela empêcherait le relief, mais toute épaisseur de couleur placée au bord d'une ligne la rend sèche et dure, elle est aussi un empêchement au modelé.

Première étude peinte d'après le modèle vivant. — La première étude que l'on peindra d'après le modèle, devra être une figure vue de profil, parce que le modelé est moins compliqué que dans une tête vue de trois quarts ; on l'éclairera de façon à ce qu'elle ait un effet bien marqué, on aura toujours la ressource de chercher les valeurs, ce qui, à défaut de jolies colorations donnera encore un aspect agréable, si l'on a bien observé leur justesse.

Les moyens qui s'offrent au peintre pour faire cette étude sont très divers, nous allons en indiquer plusieurs. D'abord quel que soit le moyen employé, il faudra toujours procéder par un dessin très étudié. Ce dessin se fera à volonté par l'un des procédés indiqués pour les natures-mortes ou pour le paysage ; il pourra s'exécuter au fusain fixé, à l'encre de Chine ou bien, comme nous l'avons expliqué dans les pages précédentes. On peut aussi peindre en grisaille, d'après le modèle vivant, ce qui est une manière de perfectionner le dessin, en préparant un bon dessous.

Tous ces moyens sont excellents, l'important c'est de se débarrasser successivement des difficultés, les unes après les autres, et de n'en combattre qu'une à la fois, pour simplifier les recherches. Exemple : on étudie d'abord le dessin en assurant bien les proportions de chaque chose, en comparant la longueur du nez par rapport aux autres parties, etc... Puis on cherche les valeurs par les ombres et les demi-teintes, et on ne s'occupe plus alors que de trouver de belles et justes colorations qu'on place dans les proportions et les valeurs indiquées.

On conçoit très facilement que s'il fallait, tout à la fois mettre la forme, la valeur et le ton, en observant le sens pour peindre, toutes ces difficultés réunies seraient insurmontables pour le débutant ; il faut avoir une très grande habitude de peindre, pour pouvoir observer tout cela à la fois, mais on y arrive progressivement avec du travail.

Pour faciliter les recherches des colorations, nous conseillons de peindre la première étude après avoir préparé des gammes de tons de tonalités diverses ; des tons de chairs roses dégradés depuis les rouges, jusqu'au rose presque blanc, d'autres avec des rouges et des jaunes mélangés, d'autres plus gris, plus verts, plus violets, etc. Ces tons préparés que recommandait le baron Gros, à ses élèves, faciliteront les recherches, parce qu'on pourra, en observant un ton sur le modèle, le comparer à ceux de la palette et voir plus rapidement ce qui lui manque pour être semblable, lorsque l'on se sera assuré de la valeur que l'on doit lui donner. Du reste, il sera facile de reconnaître la valeur de chaque

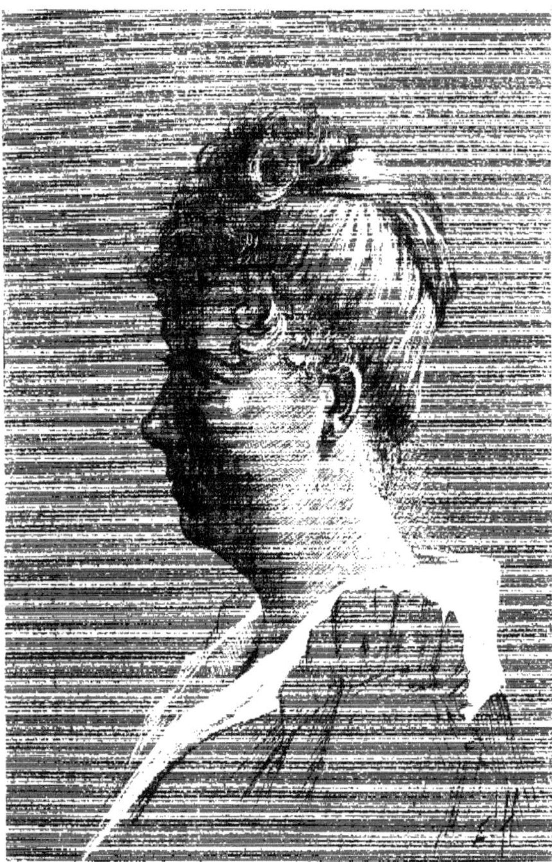

Première étude : figure vue de profil.

ton, puisque les différents genres de dessins préparatoires que nous avons donnés sont destinés à remplir cet office.

On sait qu'il faut toujours commencer par les ombres. Eh bien, supposons que l'on attaque l'ébauche de cette étude par l'œil, la première chose à faire, c'est de trouver la coloration de l'ombre de cet œil ; pour ne pas s'égarer dans des valeurs trop claires ou trop foncées, il faudra conserver exactement celles du dessin, c'est-à-dire faire un ton d'ombre exactement aussi foncé que celui du dessin, mais aussi de la couleur exacte du ton que donnera le modèle vivant. Jamais (nous l'avons dit souvent dans le cours de cet ouvrage), on ne devra se laisser entraîner en peignant à employer du blanc pur, même pour placer un point qui semble très lumineux, soit sur le nez où frappe la lumière, soit dans l'œil le plus brillant. Il en est de même pour les noirs ; les cheveux les plus noirs ont des colorations diverses qui sont très foncées, mais jamais ils ne seront noirs comme le noir que l'on extrait du tube. Il faut aussi observer attentivement les tons qui servent d'intermédiaire entre la couleur des cheveux et celle des chairs : ces passages sont très fins et amènent doucement les cheveux les plus noirs à se fondre sur le front, les tempes et le cou de la peau la plus blanche ; mais comme on ne s'occupe pas du dessin, il n'y aura qu'à rechercher attentivement toutes ces colorations en observant leurs valeurs. Nous donnerons plus loin des planches en couleurs avec des conseils pour les copier, mais nous voulons encore donner quelques conseils sur le dessin si indispensable à apprendre, pour ne pas se rebuter dès les premières études peintes.

Si l'on ne pouvait par de justes proportions, mettre une tête bien en place avant d'ouvrir la boîte à couleurs, il vaudrait mieux attendre que l'on fût plus fort dessinateur.

La qualité première, la plus indispensable à acquérir, c'est la correction du dessin. Sans un dessin parfait, on ne peut prétendre peindre la figure, encore moins que tout autre genre. Quand on ne peut recevoir des conseils sérieux, il est très difficile d'apprendre seul à dessiner, cependant ce n'est pas impossible avec de la volonté. Quand au contraire, on dessine correctement, on peut apprendre seul la peinture, sans autre guide qu'un bon traité, parce que la connaissance du dessin aura préparé le goût et que tout ce qui n'est que du domaine du métier et de la science s'apprend facilement par la lecture jointe à la pratique.

Il n'en est pas de même du dessin et à moins d'être doué exceptionnellement, il est presque impossible d'apprendre seul. Cependant la personne qui se trouverait dans l'impossibilité de recevoir les conseils d'un professeur de dessin et qui aurait malgré cela, un très grand désir d'apprendre, pourrait user d'un moyen qu'on ne pratique guère maintenant, mais dont les grands artistes d'autrefois, se sont servis pour les aider dans leurs compositions et dans la recherche du dessin ; nous voulons parler de *la vitre*. Ce renseignement qui sera d'une grande utilité aux personnes peu habituées à dessiner d'après nature, pourra d'ailleurs servir aux artistes les plus habiles, puisque le Titien, Léonard de Vinci et Albert Durer s'en servirent. Nous aurions pu décrire cet instrument, mais nous le trouvons tout expliqué dans le traité de la peinture de Paillot de Montabert ; nous avons préféré lui emprunter une description qu'il a si bien faite.

Description et usage de la vitre. — « Il y a deux espèces de vitres à l'usage des dessinateurs, la vitre perspective et la vitre orthographique. Par la première on voit les objets d'un seul point, lesquels arrivent ou se peignent sur la glace plus ou moins en grand selon qu'elle est placée plus ou moins loin de l'œil; sur la seconde on ne reçoit, ou on ne recueille que les rayons orthographiques, droits et parallèles, en sorte que l'œil doit se transporter successivement à la hauteur et à l'écartement latéral de chaque point, duquel émane le rayon orthographique qui vient sectionner la vitre. »

On ne saurait douter de l'usage commun à plusieurs peintres du XVIe siècle de dessiner à travers une vitre. Outre les passages de P. Lomazzo, de Léonard de Vinci et de plusieurs autres auteurs, passages qui nous persuadent que l'on a souvent pratiqué la perspective à l'aide d'un verre, il est à remarquer que le célèbre Bramante met ce moyen au nombre des trois manières de dessiner en perspective. « Il y a, dit-il, trois méthodes pour dessiner : la première par raison, c'est-à-dire, par la règle; la seconde sans la raison, mais seulement par la pratique; et la troisième en mêlant la pratique avec la raison. La première est toute dans l'application des règles de l'optique; la seconde s'obtient sans mesurer, mais en répétant à vue ou même d'idée et sans modèle. Il y a, ajoute-il, plus de peintres qui usent de ce second moyen, qu'il n'y en a qui usent du premier, et cependant les peintres sont considérés comme très habiles, vu leurs efforts pour rendre ou le modèle, ou leurs idées : mais on voit dans leurs tableaux de grandes fautes dans lesquelles ne tombent pas ceux qui opèrent par la règle. Quant à la troisième manière qui consiste à mêler la règle avec la pratique, elle s'obtient à l'aide d'un verre ou d'une gaze sur laquelle on trace les objets qui sont aperçus à travers. » (Ici Bramante décrit cette méthode.)

« Or Bramante n'eût pas donné ce procédé comme troisième moyen de pratiquer la perspective, si ce moyen n'eût été qu'un secours trompeur, indigne d'un dessinateur, et étranger au talent des véritables peintres. Il faut croire au contraire que ce moyen a été employé fort souvent par Léonard de Vinci, Albert Durer, Raphaël, et beaucoup d'autres qui savaient, il est vrai, s'en servir en habiles peintres, mais qui ne rougiraient point d'en convenir aujourd'hui, et qui seraient surpris de notre prétention à dessiner juste sans l'assistance d'autres instruments que nos yeux et notre crayon. On pourrait encore ajouter comme une des preuves de cet ancien emploi de la vitre perspective, la dimension généralement petite des figures d'études des maîtres de ce temps et surtout de celles de Michel-Ange, mesure résultant de ce procédé optique.

« On trouve dans un grand nombre de traités de perspective, des projets de vitres propres à recevoir les traits perspectifs transparaissant à travers. Au reste, il ne faut qu'avoir une idée nette de la vision et de la perspective, pour imaginer toutes sortes de machines optiques relatives à cette fin; en voici deux qui me semblent bonnes par leur simplicité; avec l'une on obtient le trait orthographique, et avec l'autre le trait scénographique.

« La première, la vitre orthographique, consiste tout simplement en une glace encadrée et d'une dimension quelconque; cette vitre est ou portative à la main, ou peut s'adapter sur un pied.

« Veut-on dessiner orthographiquement une main ou toute autre partie, on dresse la vitre verticalement tout contre cette partie, et l'on a soin de placer son œil et son crayon toujours à la hauteur du point que l'on prend et que l'on marque sur cette vitre. Pour peu que l'on sente le principe de cette opération orthographique, on l'exécute avec succès. On conçoit qu'une main dessinée par ce procédé peut servir telle qu'elle est pour une figure de grandeur naturelle, l'altération scénographique qu'éprouveraient les parties de cette main orthographique, étant pour ainsi dire insensible.

« L'autre espèce de vitre, la vitre scénographique ne pourra être employée pour dessiner les figures vivantes, que si elle est portative et mobile à volonté, de manière qu'elle puisse suivre les oscillations du modèle; ainsi on construira en bois très léger, une espèce de pyramide dont la base sera la vitre, et au sommet de laquelle sera placé le trou où s'appliquera l'œil du dessinateur.

« Un côté doit rester ouvert et libre pour que la main et le crayon du dessinateur puissent passer pour aller tracer les contours aperçus sur cette vitre.

« Un manche servira à tenir horizontalement cette machine, et par ce moyen on peut obtenir des croquis très justes d'après la nature vivante, malgré les légers mouvements du modèle. On pourra allonger à volonté cette vitre, c'est-à-dire, éloigner ou rapprocher de la glace, le trou oculaire, pour que la glace reçoive une image plus ou moins étendue. Enfin, si l'on se rappelle qu'un tableau est une vitre, cela suffira pour user avec intelligence de ce moyen.

« Comme un crayon est plus commode et plus sûr qu'un pinceau, pour tracer sur cette vitre les lignes ou points apparents, il faut que le verre ait perdu son caractère lisse qui empêche l'adhérence; or, sans dépolir le verre en l'aiguisant, on peut, en couchant dessus un blanc d'œuf ou tout autre vernis siccatif, faire que par ce moyen, les traits adhérent à la vitre.

« L'avantage de cette vitre, c'est de pouvoir suivre les déplacements du modèle et de se retrouver toujours vis-à-vis et dans les mêmes traits, malgré les mouvements qu'il peut faire. Ce procédé est excellent, soit pour saisir la justesse des poses, soit pour étudier les effets perspectifs. »

Le moyen de la vitre pour dessiner n'est pas nouveau, on le voit, puisqu'il était connu et employé par les artistes du XVIe siècle, nous dit Paillot de Montabert ; nous pensons avec cet auteur que le moyen de la vitre serait excellent à employer pour une personne isolée et privée de conseils ; elle serait en quelque sorte un professeur qui lui montrerait d'une indiscutable façon les corrections à faire en lui signalant les défauts. Il faudrait dessiner à l'œil nu, préalablement, puis dessiner avec la vitre en s'installant exactement à la même place et comparer les deux dessins. de telles leçons seraient certainement très profitables. Nous ajouterons, pour terminer, que l'on peut se procurer des vitres toutes montées et très perfectionnées chez les fournisseurs pour artistes, dans toutes les grandes villes et notamment à Paris.

Quelques mots sur le dessin. — L'importance d'un dessin correct est de première nécessité pour bien peindre, et le coloriste qui passe généralement pour ne pas être dessinateur, doit cependant dessiner correctement quoi qu'on en pense, puisque s'il ne savait disposer les plans exactement par un dessin préalable. il se mettrait dans l'obligation de retoucher, de corriger pour obtenir un dessin qui soit passable et que ces retouches lui feraient perdre sa principale qualité, la couleur. Mais il faut s'entendre d'abord sur ce que l'on nomme *bien dessiner*. La question est fort difficile à résoudre et nous n'entreprendrons pas de la trancher ici. Certains prétendent que Eugène Delacroix ne savait pas dessiner ; d'autres prétendent aussi que Puvis de Chavannes dessinait insuffisamment, etc... A quoi bon discuter là-dessus ? Ces deux grands maîtres ont senti autrement la forme, voilà tout. Puvis de Chavannes a compris en simplifiant que la synthèse exprimait mieux ce qu'il sentait et que la petite exécution des détails enlevait la pensée créatrice qui doit dominer tout, Eugène Delacroix a répudié le contour qui en déterminant une limite à un ton, enlève l'expression d'un mouvement et le fige. Ces deux très grands artistes ont senti différemment, mais qui oserait dire que *Le Pauvre Pêcheur* de Puvis de Chavannes est mal dessiné ? — Il n'est pas dessiné comme on enseigne à l'École des Beaux-Arts. mais il est dessiné avec une vision particulière qui n'est pas inférieure.

Dante et Virgile, conduits par Phlégias, traversant le lac qui entoure la ville infernale de Dité, et *Scène des massacres de Scio*. etc.. peints par Eugène Delacroix, sont des œuvres au-dessus de tout éloge et d'un dessin inattaquable, au point de vue de la vie et du mouvement des figures.

On confond presque toujours. en parlant du dessin, le trait rigide. précis et sans rature, avec la vie qu'il doit exprimer. Pour beaucoup de personnes, bien dessiner veut dire. mettre tous les détails et en arrêter la place par un trait impeccable. Pour d'autres, ce qu'elles entendent par les mots *bien dessiner*, c'est donner l'expression, la vie et le mouvement par des traits qui semblent bouger ; de là cette éternelle discussion qui

au fond, laisse d'accord les adversaires, puisque tous sont unanimes sur
l'exactitude des proportions à observer; la chicane ne porte donc que
sur l'expression de la vie et sur le moyen de la représenter. Or, quand
un artiste limite par un trait, une figure dans une action quelconque,
qu'un autre artiste pour exprimer la même action, supprime le trait et
noie le contour, quel est celui qui a raison ? Nous avons dit plus haut
que nous n'avions pas l'intention de trancher la question, nous laisse-
rons donc le jeune artiste se faire lui-même une opinion; nous lui cite-
rons cependant un exemple que nous avons donné ailleurs déjà : quand
un peintre représente une voiture en marche, s'il dessine tous les rayons
des roues, il est évident qu'il ne donnera que l'impression de l'immobi-
lité: si au contraire, il efface tous les rayons et que le cercle de la roue
soit lui-même très fondu, il obtiendra le mouvement. Pourquoi cette
théorie qui n'est pas niable, ne s'appliquerait-elle pas au mouvement
des figures ?

Considérations sur le portrait. — L'art du portrait est tellement difficile qu'il faut, pour y réussir, être doué de nombreuses qualités dont
nous parlerons plus loin. Nous voulons laisser la parole aux grands
portraitistes qui nous ont fait l'honneur de nous écrire au sujet des
conseils qu'ils donnent aux élèves. Voici d'abord la lettre de Léon Bonnat, membre de l'Institut :

« Des étrangers, des pères qui désirent faire des peintres de leurs
fils, viennent souvent me dire : « Apprenez-lui l'art du portrait. » Je
leur réponds invariablement : « Il n'y a pas d'art du portrait, ce n'est
pas un art spécial. Apprenez à vos fils à peindre et à dessiner ; à dessiner surtout. Apprenez-leur à construire une tête, une main, un bon-
homme. Qu'ils deviennent de bons peintres, et ensuite nous verrons. »

« Les plus beaux portraits qui existent sont peints par les plus grands
peintres. Le *Léon X* de Raphaël, le *Charles Quint* du Titien au musée de
Madrid, la *Mona Lisa* de Léonard; le *Bertin* d'Ingres, en sont la preuve.
Nuls portraits ne surpassent les quatre que je vous cite là. Vélasquez,
Rembrandt, Van Dyck, paraissent s'être occupés plus spécialement du
portrait, et Dieu sait s'ils en ont fait d'admirables, mais eux aussi étaient
de grands peintres, des peintres de premier ordre qui ont peint des
travaux merveilleux en dehors des portraits.

« Cependant, il est peut-être un don spécial pour celui qui s'occupe
à peu près exclusivement de la reproduction de la tête humaine, du
portrait, c'est celui qui consiste à découvrir le trait caractéristique du
personnage que l'on veut représenter, et c'est tellement vrai, qu'on voit
souvent des photographies, la vérité cependant, ne donner que très
imparfaitement la ressemblance désirée. Le photographe n'a pas su
découvrir le trait distinctif, le port de tête caractéristique, l'allure de

son modèle : il a agi comme une machine. Oui, c'est là un point très important, pour un portrait, mais ce n'est pas tout, et si votre œuvre n'a que cette qualité, si elle n'a pas, soit la puissance de la forme, soit la vérité du dessin, soit le charme de la couleur, elle ne sera pas viable. Elle n'existera pas. C'est ce qui fait que ce sont les plus grands peintres qui ont fait les plus beaux portraits.

« LÉON BONNAT. »

On voit par cette lettre combien l'art du portraitiste est compliqué. Les études à faire avant de pouvoir espérer peindre un bon portrait sont nombreuses et diverses, car il ne suffit pas de savoir peindre et dessiner une tête, il faut être aussi un observateur et un psychologue. C'est par l'observation constante des moindres traits du visage humain, comparés à d'autres dont les caractères particuliers et intimes nous ont été révélés, que l'on arrive, par des rapprochements constatés sur le modèle qui pose, à comprendre son caractère violent, tendre, doux, querelleur ou pacifique. Cette science de l'observation peut se développer très loin si l'on y a des aptitudes, si l'on est doué. Le portraitiste doit pouvoir connaître l'âme de son modèle pour le peindre ressemblant.

Voici encore une lettre fort intéressante, que nous devons à l'obligeance de Ferdinand Humbert le peintre portraitiste si connu.

« Quant aux questions que vous voulez bien me faire sur les qualités que je crois les plus importantes pour un peintre de portraits, je vous répondrai d'une façon générale, que pour moi, elles se résument toutes à une seule, la plus rare, la plus difficile à acquérir, *celle de voir* et de comparer en quoi une œuvre d'art diffère d'une vulgaire et photographique imitation de la nature. La nature ! certes il faut la suivre comme un guide sûr, l'étudier avec amour, la rendre avec une absolue sincérité ; mais le véritable artiste devra la traduire avec son tempérament propre, sa vision personnelle et d'après *cette certaine idée* que Raphaël dit avoir toujours dirigé son pinceau ; il ne prendra pas souci de montrer sa science et son habileté, mais sa préoccupation seulement de faire passer dans son œuvre toute la sensibilité de son œil, toute l'émotion de son cœur, et de lui donner, autant qu'on le pourra, ce caractère de simplicité, de volonté et d'autorité qui fait reconnaître un maître...

« Comme conseils, cela revient à dire, faites un chef-d'œuvre, ce qui est très facile en paroles et à la portée de tout le monde.

« F. HUMBERT. »

Les études de figures d'un débutant ne peuvent prétendre aux qualités essentielles qui font les grands portraitistes, cela est évident, et comme dit un vieux proverbe : *Il faut être apprenti avant d'être maître.* Cependant il est très nécessaire de se pénétrer des recommandations que Bonnat et Humbert ont si généreusement données par leurs lettres, lettres qui à notre avis devraient être apprises par cœur par tous ceux qui se destinent à l'art de peindre et surtout par ceux qui songent à se faire portraitistes.

Manière de peindre un portrait. — Après avoir peint le profil que nous avons recommandé, on en exécutera d'autres en variant les modèles et les effets ; il sera très utile aussi de peindre des profils perdus, comme celui indiqué par notre dessin hors texte, page 25.

Il sera nécessaire aussi de peindre des têtes vues par derrière et dans des inclinaisons différentes, etc., etc. Enfin après ces études préparatoires, on essaiera de peindre une tête de trois quarts, voici comment on devra procéder.

Pour cette première étude, il sera important de choisir un homme comme modèle, parce que les traits étant plus accentués, montrent des plans plus écrits, ce qui facilite l'observation.

La planche en couleur, page 27, montre deux états d'un fragment de portrait buste exécutés d'après une peinture de M. Tancrède Bastet, l'artiste bien connu. Tancrède Bastet exposa cette belle œuvre au Salon de 1898 sous le titre fantaisiste suivant : *Van Sckroutk, peintre de la Graw*.

Le premier de ces deux états donne l'aspect du portrait ébauché tel qu'on devra l'obtenir soi-même avec les démonstrations qui vont suivre.

Nous ne saurions jamais assez redire combien l'exactitude du dessin devra être rigoureuse, si l'on veut obtenir un résultat passable. Lorsque la pose du modèle aura été définitivement arrêtée, que l'éclairage en aura été aussi très raisonné, on commencera la mise en place de la tête. Cette première opération qui se nomme en terme d'atelier *mettre en toile*, a une importance très grande, puisque c'est d'elle que dépend en grande partie le bon aspect d'un portrait. On comprendra que si la tête monte trop haut et trop près du cadre, ce sera d'un vilain effet ; si au contraire il y a trop de fond au-dessus de la tête, l'ensemble sera vide et désagréable : mais quand il y a trop, on peut couper après coup ; lorsqu'on s'est aperçu de l'erreur, ce n'est que demi-mal. Pour éviter ces mécomptes, il y a deux manières de procéder : le premier moyen très simple consiste à tendre une feuille de papier sur la toile, à faire le dessin dessus et à le transporter ensuite par un décalque sur la toile en prenant toutes les précautions nécessaires pour qu'il soit *bien en toile*. Le second moyen est aussi très simple, mais il demande une pratique suffisante du dessin et une connaissance assez grande de soi-même et de ses aptitudes. Est-on myope ? on aura une tendance marquée à faire plus petit que nature : au contraire est-on presbyte, on verra toujours

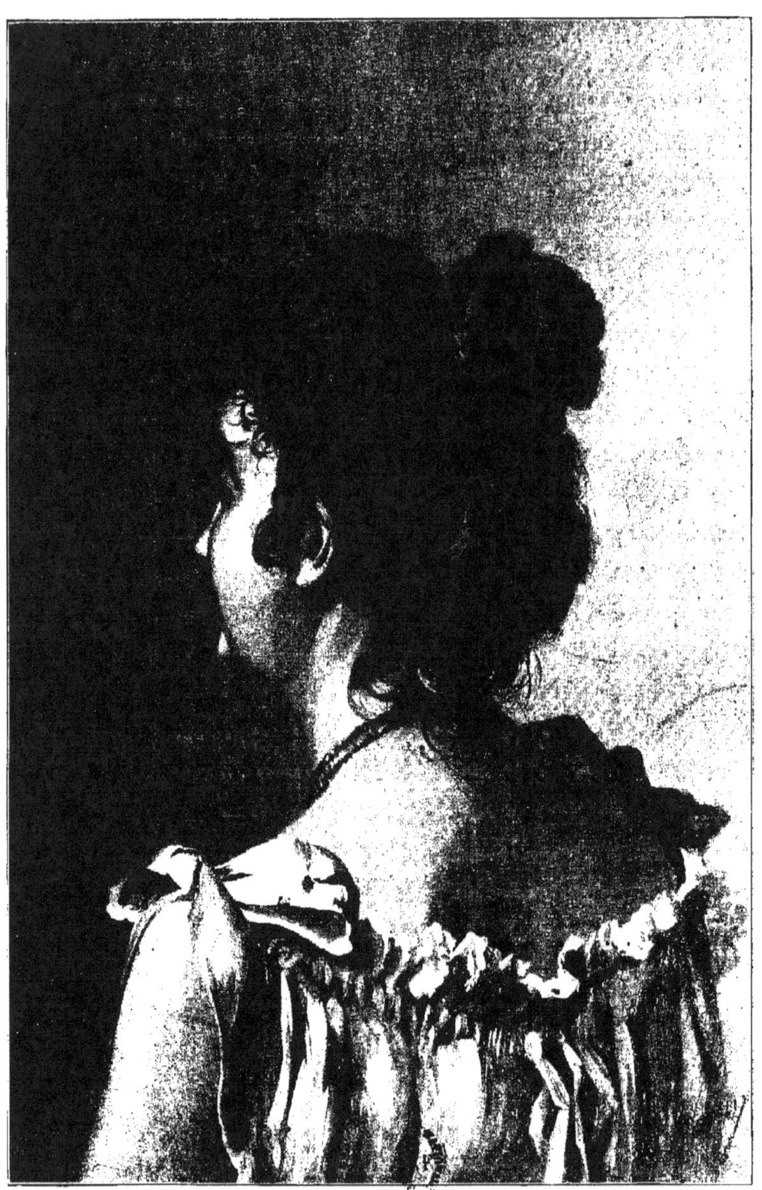

PROFIL PERDU, ÉTUDE DE TÊTE ET DE DOS

plus grand que nature et tous les formats sembleront trop exigus. Le
remède est facile à appliquer dans les deux cas, mais il faut connaître la
maladie. Dans le premier cas, il faudra dessiner un ovale de grandeur
naturelle en prenant une mesure sur la nature, avec un grand compas ou
un mètre et en la reportant sur la toile pour se contraindre à dessiner
dans cette proportion. Pour le second cas, il faudra, après avoir pris la
mesure, la reporter ensuite sur la toile, en la diminuant de deux centimètres ; c'est un excellent moyen, car tout en dessinant, le presbyte augmentera, grossira les détails et peu à peu, il aura, malgré lui, atteint
les limites de la grandeur naturelle. Quand la mise en place sera parfaite,
il faudra dessiner le mieux possible par le procédé que l'on préférera,
ainsi que nous l'avons dit précédemment.

L'ébauche se fera de la façon la plus simple, en cherchant les valeurs
seulement, afin de bien construire les masses d'ombre et de lumières,
sans rien modeler, ni exécuter ; les tons doivent se poser par valeurs
placées à côté les unes des autres, en ne mettant pas d'épaisseurs de
pâte et en ne fondant pas les tons. (Voy. la planche, p. 27, premier état).

On laisse sécher quelques jours avant de reprendre l'étude pour la
terminer. On ne devra repeindre que lorsque l'ébauche sera très sèche,
c'est-à-dire en laissant s'écouler une période de huit ou quinze jours au
moins, si c'est un portrait que l'on veut faire. Pour une simple étude
qui peut noircir ou se fendiller sans que cela porte préjudice, on pourra
repeindre dès que l'ébauche semblera suffisamment sèche.

Il y a des artistes qui ne laissent pas sécher l'ébauche, ils n'emploient
aucun siccatif, et quand la séance est terminée, ils mettent leur toile à la
cave, dans un endroit frais et humide : il en est qui mettent leur toile
dans l'eau en ayant soin seulement que le châssis ne soit pas mouillé,
prenant enfin toutes les précautions pour toujours travailler *dans le
frais*.

Chaque procédé a son bon et son mauvais côté, mais tous sont à
essayer, c'est ce que nous recommanderons instamment aux débutants
quand ils auront peint avec le moyen que nous leur donnons ici ; ils com-
pareront les divers procédés et finiront par en adopter un qui leur sera
personnel.

Lorsque l'on reprend une ébauche pour la terminer, il est nécessaire
de s'assurer que tout est parfaitement sec, parce qu'il faut, ou continuer
dans le frais ou repeindre à sec ; c'est indispensable ; l'un ou l'autre
sont bons, mais pas l'un et l'autre. Quand on a constaté l'état sec, il faut
examiner l'état de l'embu. Si l'on a peint l'ébauche sur un apprêt très
sec, en dessinant à l'encre de Chine, l'étude peut n'être pas embue, mais
cela est excessivement rare, parce que, d'une part, les toiles que l'on
achète dans le commerce sont insuffisamment sèches et d'autre part le
procédé préparatoire que l'on emploie avant de peindre suffit pour déter-

miner l'embu de l'ébauche. Quelles qu'en soient les causes, il sera nécessaire d'enlever l'embu en passant un léger frottis de *vernis Vibert* dit : *vernis à retoucher*. On peut même affirmer que d'une manière générale, qu'il y ait ou non embu, il est préférable de passer du vernis, avant de reprendre, parce que cela facilite le travail et que les nouveaux tons se lient mieux à ceux du dessous.

Il est nécessaire de s'appliquer à terminer chaque morceau du premier coup, quand on reprend pour exécuter définitivement; par exemple, si l'on peint les yeux, il sera indispensable de les terminer avant d'exécuter une autre partie; à cet effet, toute la séance de deux ou trois heures ne sera pas trop, pour un élève peu habitué à peindre. L'œil est une des parties les plus délicates d'un portrait, car le regard contribue puissamment à la ressemblance ; c'est donc avec une attention très grande que l'on devra exécuter cette partie. Le blanc de l'œil est d'une valeur particulière indispensable à saisir très exactement en le comparant aux tons clairs des chairs. Le fondu, le mouillé de l'œil devront être la préoccupation du peintre ; le velouté des paupières exclut toute sécheresse, etc. Il est nécessaire de ne peindre les yeux que dans le mouillé, c'est-à-dire pendant que toutes les parties de l'œil et de l'arcade sourcilière sont fraîches, afin que tous les tons passent bien l'un dans l'autre, sans sécheresse; en un mot, et comme nous l'avons dit plus haut, que les yeux soient peints dans la même séance pour éviter les duretés.

Voici maintenant une recommandation importante pour faciliter la bonne tenue de l'ensemble, et ne pas compliquer les recherches. Comme la lumière change de ton presque quotidiennement, malgré la stabilité relative du jour de l'atelier, généralement orienté au nord il sera nécessaire d'adopter une gamme de tons, en rapport avec ceux qui seront observés sur le modèle et de n'en plus changer ; ils serviront de base en restant sur la palette pour guider le travail. Exemple : on fait le ton local des chairs, le ton local de l'ombre et le ton local de la lumière. Ces colorations toutes faites, ne devront jamais s'employer telles, mais on les consultera comme le musicien consulte le diapason et tout en en conservant la valeur, on pourra les modifier à volonté pendant l'exécution, selon que l'on observera qu'elles sont plus rouges, plus vertes, ou plus jaunes et plus bleues, etc.

Le modelé exige des passages fondus, les uns dans les autres, et quelquefois les nuances sont si délicates qu'elles sont imperceptibles, en passant d'une demi-teinte à un clair. Il ne faut jamais que ces passages soient obtenus en fondant avec une brosse ou un blaireau ; ce procédé alourdit les tons en les salissant. Il faut obtenir le fondu par une multitude de petites touches de colorations diverses et de valeurs dégradées, de la demi-teinte au clair et tout au plus, dans certaines parties seulement, comme autour et sous les yeux, doit-on passer un coup de pinceau de martre qui enlève la rudesse des touches sans les fondre. Ce procédé qu'il est très utile d'employer consiste à tremper un large pinceau de martre dans l'essence du pincelier, puis, lorsqu'il est plein on le passe légèrement sur la palette (dans un endroit bien propre), pour aligner les poils, et quand on l'applique sur la partie à fondre (ce que l'on nomme passer les tons) il ne faut donner qu'un seul coup. Si l'on juge nécessaire de répéter l'opération, il ne faudra recommencer qu'après avoir lavé le pinceau, pour ne pas s'exposer à tout effacer. L'essence qui emplit le pinceau est destinée à entraîner les petites épaisseurs de la pâte pour les adoucir sans les enlever : c'est parce que le pinceau est plein de liquide qu'il traîne la couleur sans qu'elle y adhère, malgré cela il en enlève toujours un peu. On salirait donc tout si on redonnait un second coup sans avoir eu soin de le laver avant de recommencer. Dans ces conditions il est de toute nécessité que le pinceau soit bien souple, bien propre et bien plein de liquide, sans cela, on gâcherait tout ; un pinceau qui serait bien propre mais sans liquide, ne donnerait pas le résultat qu'on en attend et s'il était sec et rugueux, il perdrait tout le travail.

Le fond derrière un portrait. — Le fond d'un portrait, sans être aussi difficile que le fond d'un appartement quand on peint un tableau de genre est cependant bien plus compliqué qu'on ne pense généralement : il est assez rare qu'il soit réussi, même dans les portraits qui passent pour être très bien peints. Il n'est pas facile, il est vrai, de peindre l'air d'un intérieur d'appartement, quand on n'a pas de lignes en perspective pour aider à l'illusion, il faut que par une touche sans forme, on fasse comprendre l'éloignement et l'air ambiant ; on le peut néanmoins quand on a acquis la science nécessaire ; voici quelques renseignements à ce sujet : en principe, il faut que le fond d'un portrait soit d'un ton neutre, pour qu'il laisse valoir les colorations des chairs et des étoffes. Si la facture est large, de touches apparentes, il sera nécessaire que les touches se rapetissent et se fondent autour de la tête pour ne pas mettre des détails qui toucheraient au portrait et empêcheraient l'air. Il doit aussi rayonner autour de la tête, une sorte d'auréole plus claire, qui, en se fondant détache la tête du fond ; cette auréole doit, bien entendu, n'être visible que pour les peintres et les initiés, sans cela le but serait dépassé, et conséquemment manqué. Il y a encore une chose importante à observer pour le bon aspect d'un portrait : c'est la valeur des ombres. Elles doivent être plus claires ou plus foncées que le fond, mais jamais de la même valeur ni de la même couleur ; faute d'observer ces règles, on obtient un ensemble mou, triste et monochrome, c'est ce qu'il faut éviter.

On voit par cet aperçu, que les fonds, même les plus simples en apparence, ne sont pas aussi faciles à peindre qu'on se l'imagine et quand ils représentent un intérieur d'appartement, c'est encore bien plus com-

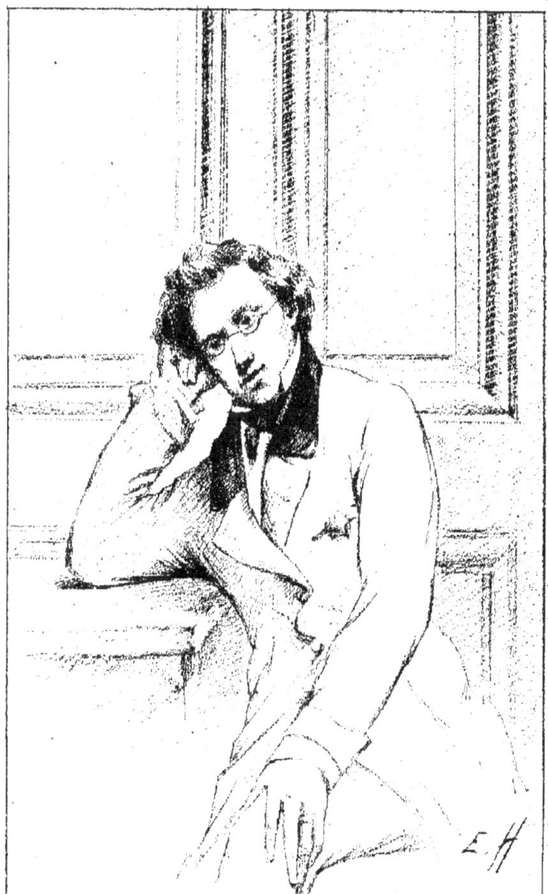

Lignes verticales du fond tombant sur la tête du modèle ;
faute à éviter ou à dissimuler.

pliqué ; il y a les meubles, les moulures, les boiseries, etc... Les moulures qui distribuent les murs par panneaux ont l'avantage d'offrir par leur fuite, des lignes qui aident le peintre à donner de l'air dans les fonds, mais elles sont aussi pour lui une source de différentes difficultés à vaincre, entre autres, celles qui consistent à peindre des lignes verticales qui viennent porter sur la tête, les épaules ou le corps du modèle.

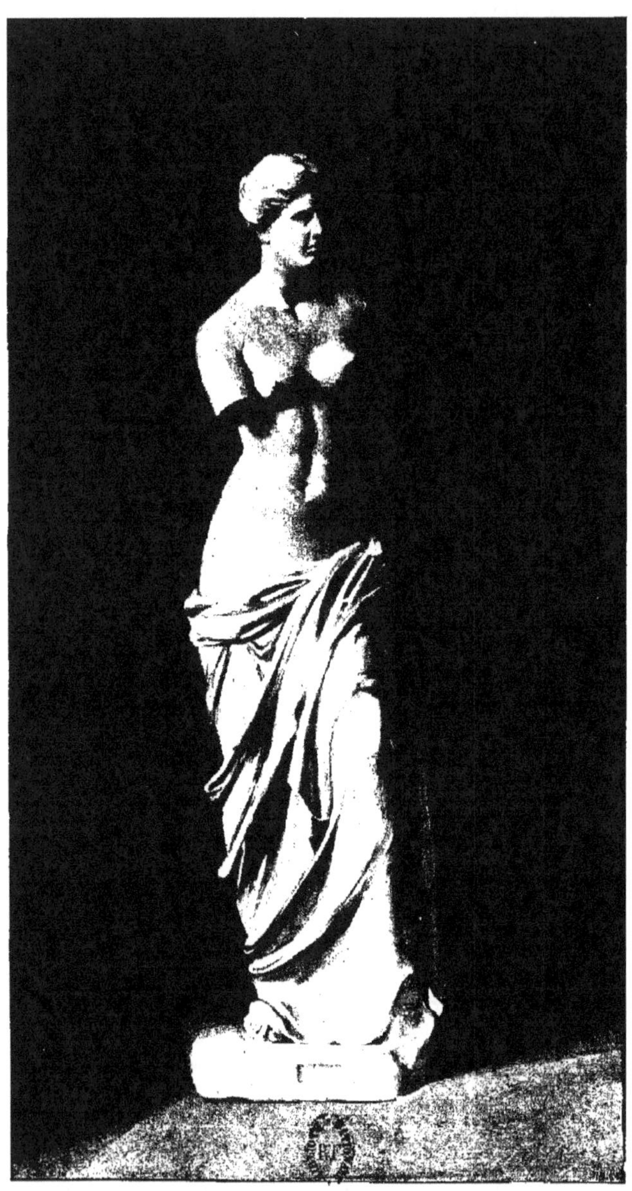

LA VÉNUS DE MILO. ÉTUDE D'APRÈS L'ANTIQUE

souvent même ces lignes sont ornementées et il faut que les détails des ornements soient visibles. C'est dans un cas semblable qu'il est nécessaire de connaître les règles citées plus haut, faute de cette science, on n'y parviendrait pas. Nous avons lu quelque part, la réponse d'un grand peintre à ce sujet, elle donne bien l'idée de ce que pensent les artistes sur cette question : « Quelqu'un proposait un jour à un grand maître de « le prendre pour élève, et comme ce dernier alléguait différentes « excuses, le solliciteur, pour décider le peintre lui dit : « Je vous « aiderai dans vos travaux, je ferai les fonds de vos tableaux. » L'artiste « lui répondit : « Si vous savez peindre les fonds, vous n'avez déjà plus « besoin de maître ! »

Quand on a pratiqué l'art du dessin et de la peinture pendant plusieurs années, on est frappé de la difficulté qu'on éprouve à faire beau ou gracieux et l'on se demande pourquoi tout ce qu'on dessine est toujours laid? Pourquoi même, en copiant un joli visage, le dessine-t-on toujours en l'enlaidissant au lieu de le rendre plus gracieux encore? C'est que le beau est une science qu'il faut apprendre et qu'on ne l'invente pas. C'est en copiant d'après l'antique que l'on comprend l'art de châtier la forme. On acquiert la science des belles lignes, en copiant les maîtres anciens.

Quelques principes de goût pour la mise en toile des portraits. — Le goût est le principal guide dans beaucoup de cas lorsqu'il s'agit de chercher la pose du modèle, mais il y a aussi des règles à suivre ; elles sont presque toujours bonnes, parce qu'elles sont le résultat d'observations accumulées, discutées et finalement déterminées et transmises de générations en générations. Ainsi, bien que nous n'apprenions rien de nouveau, à quantité de jeunes peintres, nous dirons, pour ceux qui ignorent ces proportions, que l'on a reconnu que les portraits devaient se peindre selon les lois du bon goût et que ces lois sont les suivantes : Pour une tête seulement, il est nécessaire de couper la tête à la hauteur du sternum. Pour un buste sans les mains, c'est environ à la hauteur des pectoraux que doit finir la toile. Pour un portrait à mi-corps, la bordure doit se limiter au milieu des cuisses. Enfin, cela va de soi, le portrait en pied exige que toute la figure soit vue et qu'il y ait même un peu de terrain avant que la bordure ne l'encadre.

Il y a aussi des procédés optiques fort curieux à connaître et que l'on n'imaginerait pas, parce qu'ils sont le résultat de beaucoup d'observations réunies, desquelles on a déduit ce qui va suivre : on sait qu'il est plus nécessaire de faire vraisemblable, que de faire vrai ; que souvent même le vrai n'est pas vraisemblable? or, pour atteindre la vraisemblance on a recours à tout ce qui peut la donner, c'est ce qui a créé le métier, en voici des aperçus utiles :

On peut, par la connaissance de certains procédés, donner aux portraits la ressemblance par l'aspect sans rien exagérer quant aux propor-

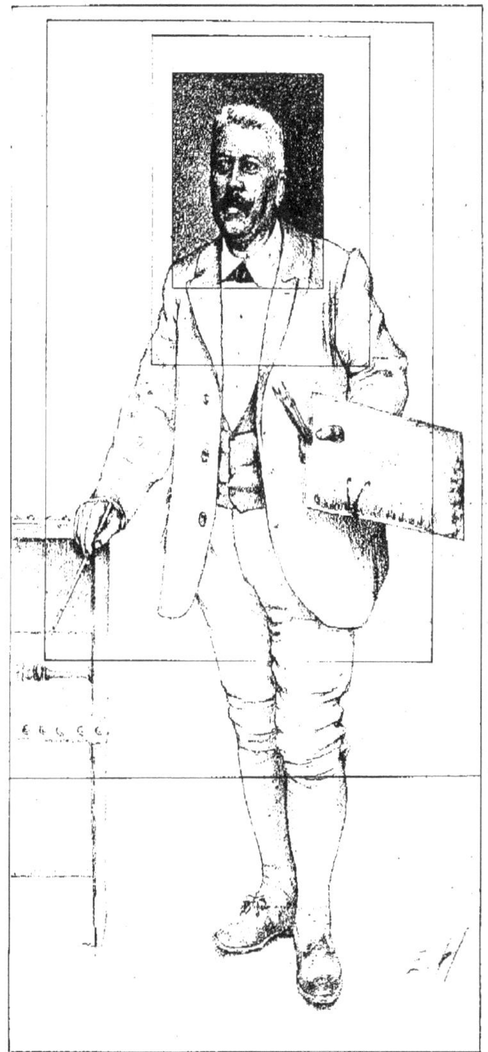

Manière de couper un portrait selon l'importance qu'on veut lui donner

tions du modèle, on peut aussi faire paraître deux lignes semblables plus grandes ou plus petites l'une que l'autre, bien qu'elles soient

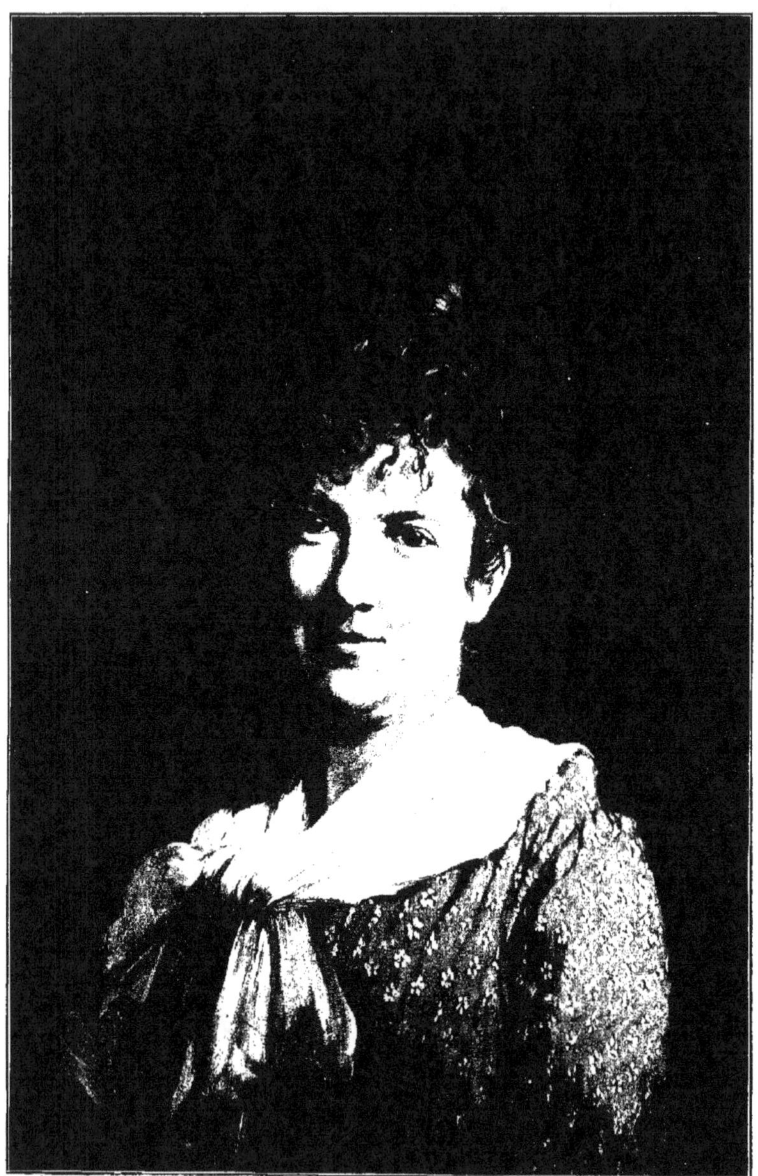

PORTRAIT BÜSTE

absolument de la même dimension toutes deux, comme le montre le
dessin, page 31.

De même, on peut donner l'aspect d'un individu gros, mince, petit ou
grand, selon que l'on sait disposer la forme et la coupe du cadre. Veut-
on faire le portrait d'un gros monsieur ? Il sera nécessaire de mettre peu
de fond autour du personnage de façon à ce qu'il emplisse le cadre. Si

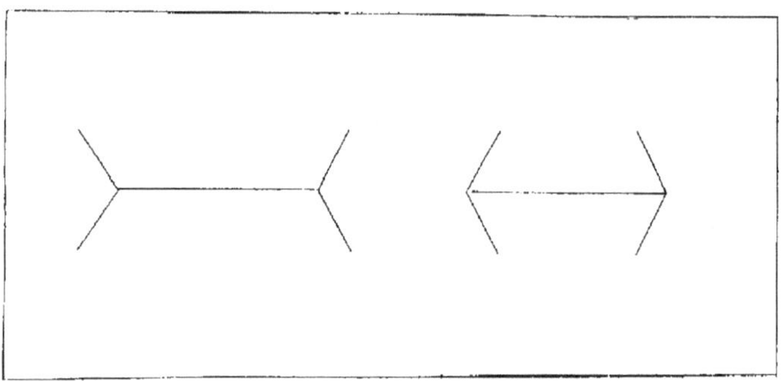

Manière d'agrandir ou de rapetisser deux lignes de proportions semblables.

tout au contraire, on veut représenter une personne maigre, on laissera
beaucoup d'air autour, pour qu'elle semble tenir peu de place dans le
cadre. Est-ce un homme grand que l'on veut peindre, il faut laisser très
peu de fond au-dessus de la tête. Le modèle est-il petit ? on laissera alors
beaucoup de fond au-dessus. *Ces ficelles* du métier sont utiles à connaître, parce qu'elles font naître chez le spectateur une convention tacite,
qui à son insu le dispose à comprendre la ressemblance, sans explica-
tions de la part du peintre. Un portrait d'enfant doit, pour les mêmes
raisons, être placé bas en toile, c'est-à-dire, avec beaucoup de fond
au-dessus; cette loi est si juste, que si l'on cache ensuite une partie de ce
fond avec un cadre plus petit, on obtient un grandissement du personnage qui ne semble plus en rapport avec son âge.

Portraits bustes. — Le portrait buste peut se faire de toutes les proportions : de grandeur naturelle, demi-nature, quart-nature. On peut
aussi le peindre beaucoup plus petit, mais ces proportions sont alors du
domaine de la miniature.

Quelle que soit la dimension adoptée, les lois de l'arrangement, de
la mise en toile, etc..., restent les mêmes. Le portrait buste de grandeur
naturelle exige, pour être d'un bon aspect, la toile dite de 25 ; si l'on
veut y ajouter les mains, il sera nécessaire de prendre une toile dite
de 30. pour un portrait de femme, sans accessoires comme celui que
montre la planche en couleur, page 33.

Pour un portrait d'homme avec les mains, la même dimension de toile suffit dans un portrait ordinaire ; mais si l'on veut faire un portrait de style, comme ceux qu'on voit dans les musées, représentant des guerriers, des princes, des rois, etc., la toile dite de 40 sera mieux appropriée parce qu'elle permet d'ajouter un accessoire utile. Les peintres Flamands avaient bien compris cela pour leurs portraits de bourgmestres qu'ils représentaient soit assis à une table avec les accessoires utiles aux délibérations, soit dans l'encadrement d'une fenêtre à balcon de pierre, etc.

Le portrait que nous reproduisons en couleur, d'après la belle toile de M. Renard-Brault, l'éminent professeur de peinture de la Manufacture nationale de Sèvres, est celui de Mme *Jack Morand*, décédée depuis peu, dont les nouvelles sentimentales ou héroïques ont eu tant de succès dans les revues et les suppléments littéraires. Ce portrait montre les ressources que l'on peut obtenir avec la proportion d'une toile dite de 30. Les mains peuvent tenir très à l'aise, mais on ne peut pas faire entrer dans la composition, des accessoires importants ; c'est à peine s'il peut tenir un coin de table pour appuyer le modèle. Tout au contraire, dans la toile dite de 40, qui n'est cependant que de quelques centimètres plus grande, on a toute liberté pour faire figurer des accessoires d'un volume important.

On ne sait pas, généralement, combien l'introduction des mains exige de connaissances approfondies en dessin et en anatomie ; et de plus, une science de la peinture qui ne s'acquiert qu'avec une longue pratique. Il ne suffit pas de dessiner correctement et de peindre agréablement, il est nécessaire de posséder la science de l'effet pour harmoniser l'ensemble, de façon à ce que les mains ne viennent pas nuire à l'effet de la tête et distraire l'attention en obligeant le spectateur à regarder ailleurs. Les mains d'un portrait obligent le peintre à donner un mouvement au corps. Pour que ce mouvement soit juste et bien dessiné, il faut que l'artiste sache peindre une figure nue ; sans cette science, il lui serait impossible de construire un portrait convenablement ; il peindrait des étoffes, mais il ne saurait faire comprendre qu'il y a dessous un corps vivant, composé de chairs, de muscles et d'os. La physionomie des mains est aussi très particulière, on ne peut pas apprendre à peindre des mains et les répéter à l'occasion ; quand on peint des mains, il faut les faire ressemblantes au point que l'individu puisse être reconnu par la vue seule de ses mains. Voilà un aperçu des difficultés qui attendent le peintre, s'il veut peindre un buste avec les mains. Nous ne pensons pas devoir nous étendre davantage sur l'art de peindre un portrait, nos planches en couleurs doivent suffire à démontrer l'indispensable pour les débutants ; ces renseignements les mettront sur une voie qui les conduira à trouver eux-mêmes ce que nous omettons, faute de place. La

planche (page 33) qui montre le buste de femme, fera voir dans quelle
valeur il est nécessaire de peindre les mains pour ne pas nuire à l'effet
de la tête.

Avant de terminer ce chapitre, nous ajouterons encore quelques lignes
puisées dans le traité de peinture de Paillot de Montabert au sujet de la
composition et de l'invention dans les portraits ; voici ce qu'il dit :

« Puisque composer un portrait c'est composer un tableau, puisque
c'est inventer et disposer une production d'art, dans laquelle la beauté
doit être offerte avec la vérité de représentation, nous n'avons à recom-
mander ici que la même théorie exposée à la partie de la composition
et qu'à appliquer cette même théorie aux portraits.

« Beaucoup de personnes demanderont quelle invention il peut y
avoir dans un portrait ? En effet, tant de peintres, au lieu de méditer sur
la composition de leur portrait, disent tout de suite à leur modèle :
Placez-vous là ; je vais commencer par les yeux. Tant de peintres se
croient obligés uniquement, en faisant un portrait, à répéter les traits
et la ressemblance de la face de l'individu, qu'il n'est pas étonnant que dans
cet art du portrait, les personnes ignorantes en peinture n'y voient rien à
inventer et croient suffisantes la patience et l'adresse seulement, pour bien
copier. Néanmoins, si on possédait la vraie définition de l'art, on recon-
naîtrait, qu'avant de placer par exemple la tête et ses détails sur la toile,
il faut bien être assuré de la légère inclinaison que peut avoir cette tête
sur le col et le col sur la poitrine ; et cette inclinaison, ce mouvement
s'il convient qu'il ait lieu, puisque souvent la tête doit rester droite,
bien qu'elle paraisse un peu penchée par l'opposition oblique de la ligne
du col) ce mouvement dis-je, ne faut-il pas examiner avec beaucoup d'attention, s'il est le mouvement propre à l'individu, s'il est dans ses mœurs,
dans ses habitudes, s'il n'est pas contraire à l'art, je veux dire à la vraisemblance, au mode enfin du portrait. Je ne parle pas du choix des combinaisons des lignes que donnent les bras, les vêtements, et les accessoires de ce buste. Je ne parle pas du choix du clair-obscur et du coloris,
ni de son degré d'exagération, afin de le faire paraître plus vrai lorsque
le tableau sera en place et considéré sous tel ou tel jour. De plus, ne
faut-il pas méditer sur la convenance du luminaire, sur celle de l'espèce
d'air coloré ou incolore, propre enfin au sujet ? Ne faut-il pas méditer sur
la disposition et la couleur des draperies, puisqu'elles peuvent enlaidir,
rendre équivoque ou embellir la carnation du modèle, tout en favorisant
la combinaison optique de l'ensemble ? Enfin, toutes ces qualités et mille
autres, n'appartiennent-elles pas à l'invention, ne s'obtiennent-elles pas
par la réflexion et la méditation au lieu de s'obtenir comme certains
artistes le prétendent par la témérité, par la franchise, la vivacité et par
la patience ou la dextérité de la main ?

« Si on voulait remonter encore plus haut, on prouverait que de plus, il faut méditer pour savoir si on reconnaîtra digne ou indigne d'être représenté en peinture, tel ou tel individu qui demande son portrait ; s'il n'est pas du devoir d'un peintre sévère, et qui recherche l'utilité de l'art, de se refuser à représenter certaines figures que toutes les combinaisons ne sauraient embellir, certaines figures enfin qui, bien qu'elles soient à la mode, paraîtront pour toujours hideuses et triviales, quoiqu'en fasse le peintre. Sans l'invention, sans la philosophie, on n'est donc pas peintre même lorsqu'il ne s'agit que d'exécuter un portrait. »

Nous ne sommes pas entièrement de l'avis de cet auteur, car nous prétendons au contraire que, pour les vilains visages, il est des dispositions et des éclairages favorables. Pour le portraitiste de race et de réel talent, les vilains modèles ont un intérêt particulier : c'est une victoire à remporter et elle tentera toujours les artistes combatifs, c'est-à-dire ceux qui ont horreur de la routine et de la banalité. On peut dire qu'il n'y a pas de vilains modèles (en exceptant les monstres qui n'ont d'intérêt que pour la pathologie, bien entendu), il n'y a que de mauvais peintres ; tous les visages sont beaux, si l'on sait y découvrir le charme qui les anime à certains moments. C'est là que se montrera l'artiste et l'observateur qui saura trouver la pose avantageuse et l'effet approprié. Exemple : ayant à peindre une femme laide, il faudra trouver le mouvement qui lui est le plus habituel, afin que par cette pose, on reconnaisse déjà la silhouette ; puis pour dissimuler les traits, on placera la personne tournant le dos à une fenêtre, en lui faisant lire une lettre ou un livre, si elle est jeune, tenir un éventail ou un journal, si elle est âgée. La tête ne sera éclairée que par une auréole vive et tout le visage s'éclairera par clair-obscur, étant reflété par l'éventail ou le journal qui lui enverront une lumière suffisante et appropriée.

Ce genre de portrait pourra faire aussi un tableau charmant, car l'effet peut en être très beau. Il y a aussi le profil perdu qui peut être d'un grand secours, l'effet de lampe et la pose au piano dans un effet à contre-jour comme celui qui vient d'être conseillé, etc., etc. Il y a cent manières de tirer parti d'un vilain modèle, comme il y a aussi cent manières de ne rien faire de bien avec un très beau modèle, car, « la mission de l'art, n'est pas de copier la nature, mais de l'exprimer ! un artiste n'est pas un copiste, c'est un poète. »

Nous ne donnons pas d'autres conseils sur les portraits, bien que nous ayons quantité de choses à dire sur le portrait en pied et de grandeur naturelle ; ce que nous avons omis ici se retrouvera plus loin aux tableaux et aux études de figures. On ne saurait entreprendre à ses débuts avec succès un portrait en pied, non parce que la toile est plus grande, mais bien parce que la science a besoin d'être plus étendue et qu'il faut pour affronter une telle difficulté, savoir construire une figure ; nous allons donner plus loin les moyens d'y parvenir, mais nous avons encore à ajouter quelques mots au sujet des portraits intimes qui sont presque du domaine du peintre de genre et d'intérieurs.

Portraits intimes. — Il est un genre de portraits très intéressant et moins banal que les autres, c'est celui qui consiste à représenter le

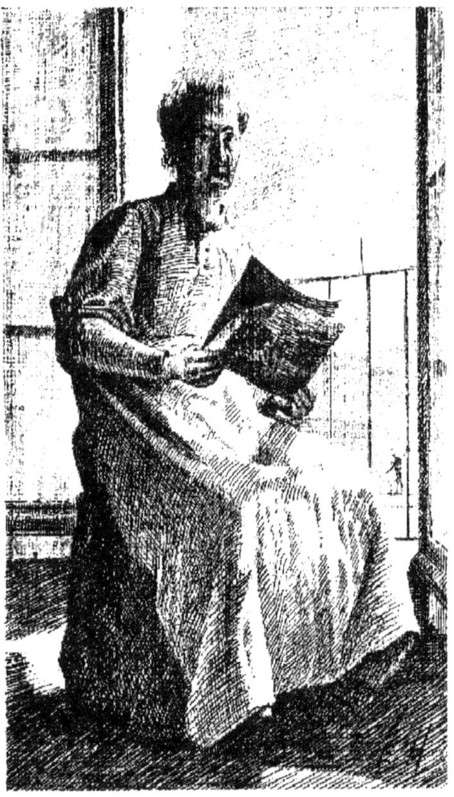

Pose à contre-jour servant à dissimuler les traits du visage.

personnage dans le milieu qui lui est habituel. L'artiste, croyons-nous, doit faire tous ses efforts pour décider lui-même ses modèles à se faire représenter parmi les objets qui leur sont familiers. C'est aussi pour le peintre un auxiliaire très utile, car, un fond qui raconte ce que fait un personnage montre ses goûts et fait deviner son caractère; c'est pour l'artiste une sorte d'explication muette qui augmente ses moyens. C'est ainsi que l'on a vu de forts beaux portraits représentant, l'un, un savant chimiste dans son laboratoire, l'autre, un homme de lettres dans son cabinet de travail, comme le beau portrait de Jules Lemaitre par Ferdinand Humbert, etc. Mais ce genre de portrait s'élève beaucoup au-dessus des talents ordinaires ; pour réussir à les peindre très bien, il faut non seulement le goût d'un artiste, mais il faut encore une éducation de peintre, très étendue. Il faut savoir peindre et dessiner sans embarras tout ce qui peut se présenter et pour parvenir à cette facilité il faut avoir étudié l'anatomie, la perspective, l'architecture, la nature-morte, etc., il faut être peintre portraitiste, peintre de genre, peintre d'intérieurs, etc. Voilà vers quelles études sera conduit naturellement le peintre qui voudrait se faire portraitiste, s'il veut être à même de peindre des portraits intimes.

Quand on a appris à dessiner avec un professeur qui exige que le dessin soit ce que l'on nomme *calé*, c'est-à-dire que la rectitude des lignes soit impeccable, au détriment du caractère même, car il y a beaucoup de professeurs qui préfèrent cela, on est enclin à ne pas rechercher le caractère du modèle ; on corrige même ce qu'il a de défectueux pour le faire ressembler à la formule consacrée. Il est convenu par exemple, que, dans un visage bien d'ensemble, les yeux sont à la même hauteur, sur une ligne qui varie selon que la tête est droite ou inclinée ; la ligne des sourcils doit être très parallèle à celle des yeux, en suivant exactement leur inclinaison ou leur horizontalité ; les lignes des ailes du nez, de la bouche, et du menton doivent également observer ce parallélisme pour les visages d'un ensemble irréprochable. Tout cela est parfaitement juste et doit être appliqué lorsqu'on dessine l'antique qui est sans reproche. Ces conventions artistiques ont aussi pour but de montrer que le beau doit être ainsi, et que, en dehors de ces principes, il n'existe plus.

Pour un artiste qui compose un tableau, ces lois sont nécessaires, mais pour le portraitiste qui les a apprises, elles doivent souvent être négligées s'il veut obtenir la ressemblance : nous dirons même que si le modèle n'a pas les yeux d'ensemble, c'est-à-dire placés exactement sur la ligne parallèle des autres détails du visage, non seulement il ne faudra pas corriger ce défaut, mais il sera nécessaire de l'accentuer ; c'est par ce moyen que l'on obtiendra la ressemblance.

Ce que Bonnat appelle « *le trait caractéristique* » n'est autre chose que cela. Le grand portraitiste nous le dit lui-même, la photographie qui, cependant, est la vérité même, ne donne pas la ressemblance la plupart du temps, parce que le photographe ne sait pas voir le trait caractéristique, ou qu'il corrige par des retouches des yeux trop petits et des bouches trop grandes, qu'il n'a pas su observer que le modèle a l'habitude de porter la tête inclinée et qu'en la lui emboîtant dans son appui pour en obtenir la rigidité, il enlève ce trait caractéristique. La caricature, qui n'est à notre avis que le calembour de l'art, puisqu'elle est à l'art, ce que le calembour est à l'esprit, la caricature, disons-nous, a le mérite d'évoquer la ressemblance par son exagération même. C'est donc

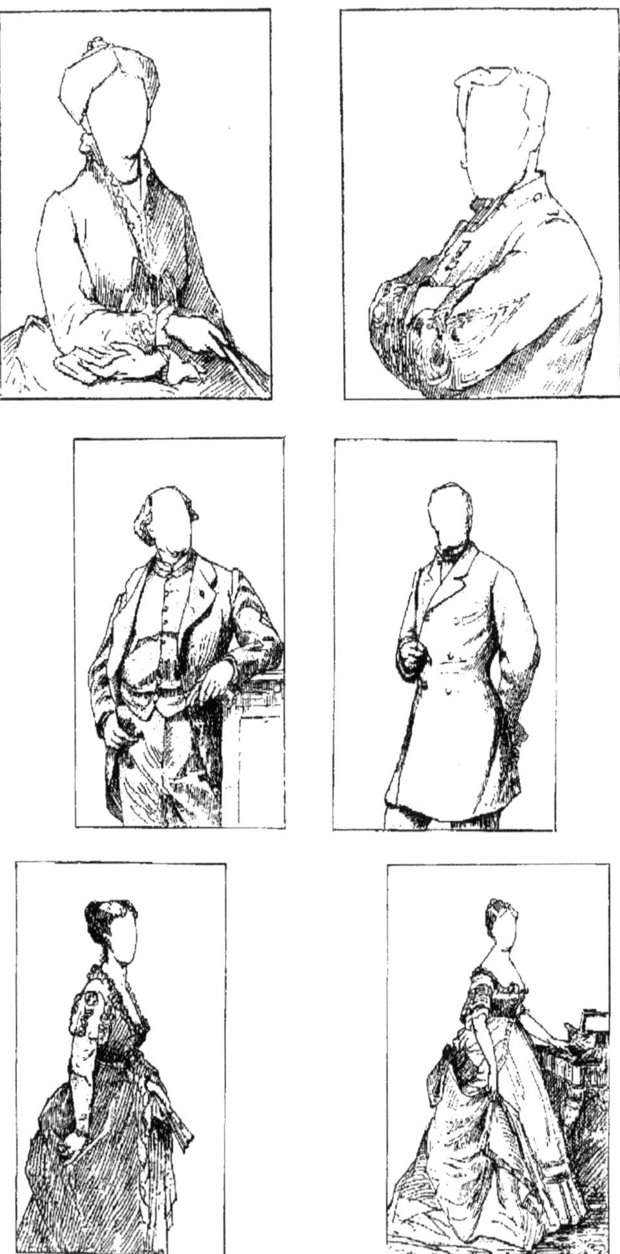

Croquis de différentes poses de portraits, copiés sur des tableaux de maîtres.

une preuve indéniable qu'il faut accentuer le défaut pour faire ressemblant, puisque, si on l'exagère jusqu'à obtenir la caricature, la ressemblance existe toujours et que si on prend l'excès contraire en corrigeant le défaut, il n'y a plus aucun rapport de ressemblance entre le modèle et la peinture.

Il est utile de construire des lignes bien d'ensemble, quand on établit le dessin d'une tête, mais lorsqu'on dessine les détails, si la bouche ou tout autre détail n'est pas d'ensemble, il faut s'en emparer comme d'un des traits caractéristiques qui aideront le plus à la ressemblance.

Nous terminerons ces conseils en renvoyant le lecteur à la page précédente où des croquis de poses différentes sont empruntés à des portraits célèbres; en les consultant, il puisera des idées sur la manière de faire poser les modèles.

Le nu. — Pour peindre une figure nue, ou même simplement un personnage habillé et en pied, il est nécessaire d'avoir un atelier; à la rigueur, une grande pièce peut suffire, mais à la condition que la lumière ne vienne que d'une seule baie; il faudra donc condamner les autres ouvertures, s'il s'en trouve plusieurs dans la pièce. Il sera aussi très utile de choisir l'orientation du jour au nord, parce qu'il est plus stable ; si la lumière du nord est plus froide que celle des autres points cardinaux, elle est plus constante et le peintre peut étudier plus longtemps, en retrouvant le lendemain une lumière presque semblable à celle de la veille, quelque soit le temps au dehors, pluie, ou soleil. Il est nécessaire de faire poser le modèle sur une table *ad hoc* que l'on nomme table à modèle. (Voir notre dessin dans la partie qui traite *l'Outillage*.) Cette table, en élevant le modèle, a l'avantage de le montrer comme si on en était éloigné à la distance voulue pour bien juger son ensemble. On sait que cette distance doit être deux fois et demie ou trois fois égale à la hauteur totale du modèle? ce qui oblige à un recul de trois ou quatre mètres et même davantage quelquefois. Quand on peint dans une pièce qui ne peut permettre ce recul, il est nécessaire et même indispensable d'employer la table à modèle, mais à défaut de table spéciale une caisse assez grande, ou des tréteaux sur lesquels on place des planches, peuvent rendre le même service, pourvu qu'ils élèvent le modèle de cinquante centimètres au moins et de quatre-vingts centimètres au plus. Lorsqu'on n'a pas d'atelier spécial et qu'on travaille dans une pièce trop petite, il devient très difficile de proportionner une figure même pour un artiste qui sait bien dessiner. Le défaut d'éloignement présente les pieds vus du dessus, cela les exagère et les enlaidit; enfin les valeurs deviennent très peu appréciables et cela complique encore les recherches.

Les premières études qu'on devra faire sont des figures debout dans des mouvements simples. Nous ne nous étendrons pas jusqu'à expliquer comment on doit dessiner une figure nue, on a beaucoup écrit

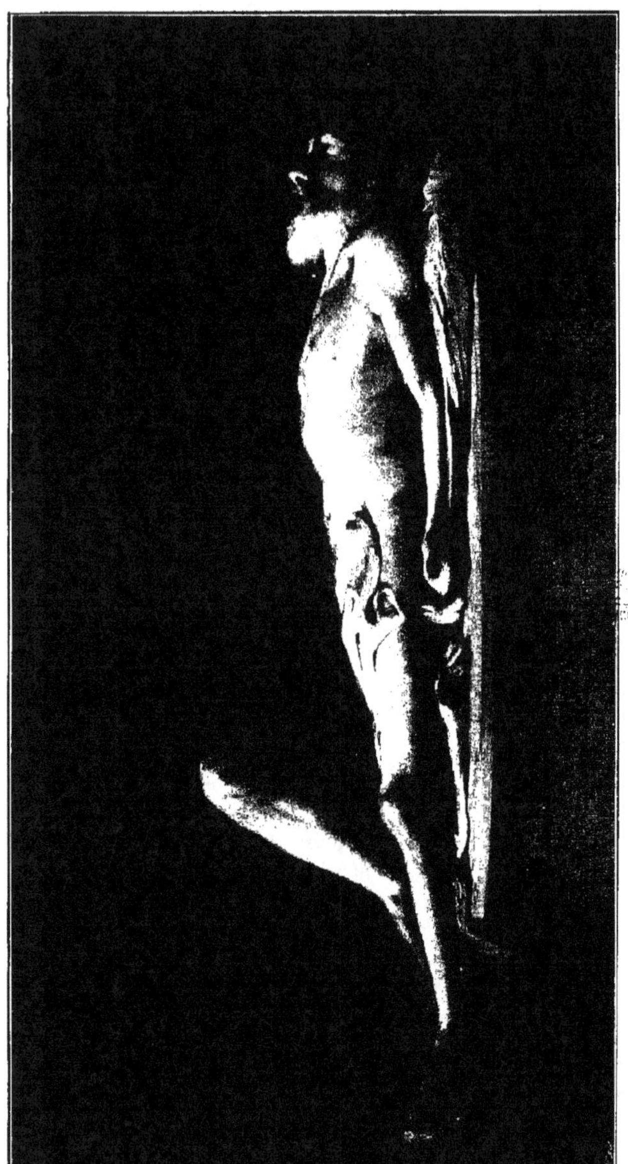

ÉTUDE DE NU

de livres sur l'art du dessin et nous supposons que l'élève qui consulte
cet ouvrage pour y trouver des renseignements sur l'art de peindre, sait
suffisamment dessiner pour aborder la peinture du nu. S'il ne savait pas
mettre en place une figure, c'est-à-dire la proportionner correctement,
nous le renverrions à ces livres qui abondent et sont pour la plupart très
bien écrits. Ils y verront qu'il est indispensable de dessiner d'après des
plâtres et se procureront des moulages d'après l'antique, soit en les
demandant aux fournisseurs pour artistes, soit en les achetant directement au Musée du Louvre, où l'on vend de très beaux moulages. On ne
peut espérer dessiner convenablement une figure vivante, si l'on n'est
pas à même de dessiner correctement une académie d'après la bosse, ce
qui implique les études d'ostéologie et d'anatomie. Quand on n'a pas
l'habitude de dessiner le nu, une première difficulté se présente, c'est la
mise en place. Les livres ont bien appris que l'on doit, pour dessiner
une figure debout, tirer une ligne verticale sur la toile ou sur le papier à
dessin, que cette ligne doit être tracée en coupant la figure en deux, passant par le *sterno-cléido-mastoïdien*, pour tomber d'aplomb avec la *malléole interne* de la jambe qui porte ; mais cela est insuffisant, bien que fort
utile à connaître. On a lu aussi, qu'une figure debout se divise en sept
parties depuis le sommet de la tête jusqu'à la plante des pieds ; on a
appris par cœur, toutes les divisions de ces sept parties. On sait enfin
que les modèles de taille ordinaire n'ont que six têtes un quart ou six
têtes et demie et que si l'on divise la figure en sept parties qui représentent sept fois la hauteur du sommet du crâne au-dessous du menton d'une
tête humaine, c'est pour obéir aux lois du beau, quand on idéalise une
figure, mais que cela n'est pas exact et qu'il ne faut observer cette règle
qu'autant qu'on veut donner de l'élégance aux figures. Les artistes
de la Renaissance qui se préoccupaient surtout de l'élégance de leurs
figures, n'ont pas craint de leur donner huit têtes et souvent plus, ce
qui évidemment est hors nature, mais donnait une grâce et une svel-
tesse indéniable. Nous avons dit que la mise en place était la première
difficulté à vaincre, même pour un jeune peintre ayant appris par cœur
toutes ces règles, parce que le modèle bouge toujours, malgré le soin
qu'il met à poser et qu'il faut une grande volonté basée naturellement
sur la science de toutes les règles du dessin, pour voir le mouvement
dans son ensemble, déterminer les points importants par lesquels passe
la ligne du fil à plomb, et n'en plus sortir ensuite quels que soient les
déplacements où la fatigue entraînera certaines parties du modèle.

Comme il est très difficile de bien mettre en toile, en cherchant toutes
les choses dont on devra se préoccuper, nous conseillons de dessiner
préalablement sur une feuille de papier ; quand ce travail semblera suffisant, on le calquera pour le transporter sur la toile, ce moyen évitera
de salir l'apprêt, et permettra de placer la figure d'une façon certaine.

Il ne peut y avoir une manière ou un procédé différent pour peindre une figure. Quand on a peint des têtes par les moyens que nous avons indiqués, on sait comment on doit peindre une figure entière ; c'est plus difficile, mais cela est tout semblable quant aux moyens à employer.

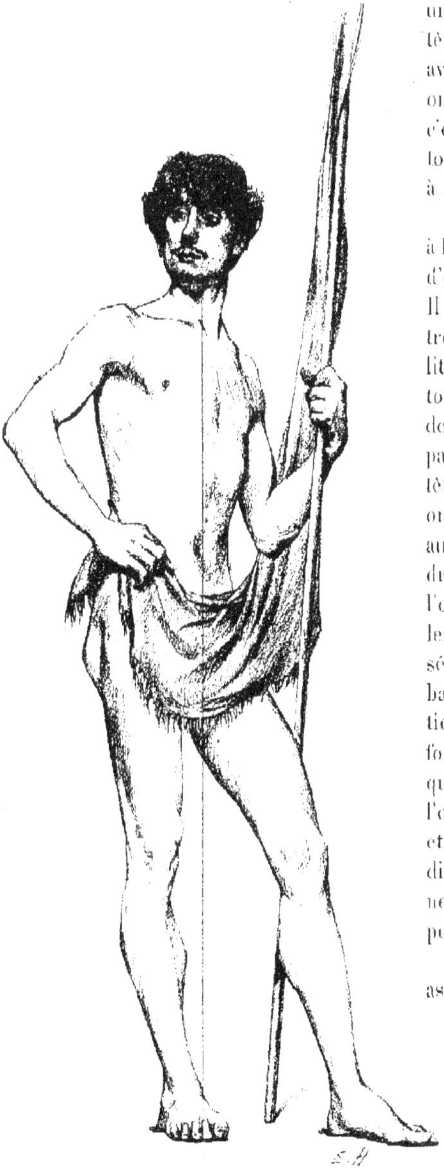

Les gammes de tons préparés à l'avance, seront pour une étude d'ensemble, d'une grande utilité. Il faudra donc préparer au moins trois tons sur la palette, pour faciliter la rapidité de l'ébauche. (Voir tout ce qui a été dit aux précédents chapitres.) On commencera par ébaucher le fond autour de la tête, et quand la tête sera peinte, on continuera l'ébauche du fond, autour de la partie que l'on voudra travailler, c'est-à-dire que si l'on pense ébaucher les épaules, les bras et le torse dans la même séance, on devra peindre une bande du fond, autour de ces parties. En un mot, il faut que le fond soit peint en même temps que la figure, c'est pour cela que l'on devra ébaucher le fond au fur et à mesure que l'on achèvera les différentes parties. Pour terminer, on finira de couvrir la toile en peignant complètement le fond.

Ces études doivent être faites assez grandes pour faciliter l'exécution des détails ; la toile dite de 25 est préférable ; on peut réduire le format, mais il serait difficile de l'agrandir avant d'avoir beaucoup peint dans ces proportions. Quand la toile sera couverte, on examinera l'ensemble du modèle,

Type d'une figure où la ligne verticale tombe d'aplomb du sterno-cléido-mastoïdien, à la malléole interne de la jambe qui porte.

afin de se rendre compte de l'endroit où la lumière est la plus claire et l'on posera cette lumière qui ne devra plus être égalée dans aucune autre partie claire, c'est ce qui donnera à l'effet général beaucoup d'aspect.

Nous ajouterons peu de chose, au sujet de cette étude, car tout ce qui a été dit pour les portraits, pourra servir de guide pour reprendre et terminer la figure. Ce qu'il faut voir constamment, c'est l'ensemble ; quand on a peint une partie, il est nécessaire de la comparer aux autres. Le baron Gros ne disait-il pas à ses élèves : « Si vous peignez la tête, regardez les pieds, » et il ajoutait : « préparez des gammes se rapprochant le plus possible du ton local que vous observez dans la nature, il vaut mieux regarder dix fois la nature et ne toucher qu'une fois la toile, etc... »

Les études des extrémités devront être l'objet d'une grande attention de la part du peintre ; en renouvelant constamment ces études, il y trouvera autant de plaisir qu'à peindre des têtes, parce que les mains et les pieds ont des physionomies qui montrent tout le caractère d'une figure et révèlent la race de l'individu. Chacun sait par exemple, que le pied petit et cambré, ainsi que les attaches fines des pieds et des mains, sont l'indice d'une distinction naturelle, il ne faudra donc pas dessiner les attaches d'une fille de ferme, comme on dessinerait celles d'une femme élégante, etc., etc.

Il y a un moyen très utile à pratiquer quand on dessine seul et loin de tous conseils pour bien apprendre à dessiner et faire des progrès rapides. Ce moyen, c'est l'étude du squelette et de l'écorché, ainsi que nous l'avons dit, mais en appliquant ces études directement à la figure que l'on dessine, en plaçant le squelette articulé dans le même mouvement que celui du modèle, afin de se rendre compte des saillies des os. On peut aussi décalquer le contour du dessin quand la figure est terminée et reconstituer dans ce contour les os du squelette ; ce genre de travail est d'un grand secours pour comprendre rapidement les raccourcis et apprendre à proportionner les figures.

Les études de nu devront se peindre par tous les effets imaginables, tous les jours de l'atelier, y compris le soleil si on peut l'y faire pénétrer, ainsi que l'éclairage à la lampe ou au gaz, etc., etc. La variété de ces éclairages habituera le peintre à des colorations diverses qui l'obligeront sans cesse à trouver des gammes nouvelles et des valeurs différentes ; cette gymnastique est indispensable pour permettre d'aborder tous les effets possibles et faute d'un tel entraînement, on ne pourrait peindre des tableaux. On voit souvent des élèves très forts quand ils sont à l'atelier et tant qu'ils peignent une figure par le jour habituel avec le même fond ; mais, dès que le fond n'est plus le même, ils perdent leurs moyens et ont tout à réapprendre ; il est nécessaire de ne pas les imiter.

La figure en plein air. — Après cet entraînement préparatoire, il sera nécessaire de peindre le nu en plein air, ou tout au moins des têtes et des torses d'hommes. Ces études qui sont excessivement intéressantes, montreront au jeune peintre des colorations surprenantes dans les lumières des chairs et des tonalités d'une finesse et d'une diversité insoupçonnées dans les ombres. Quant aux recherches des valeurs, elles seront pour

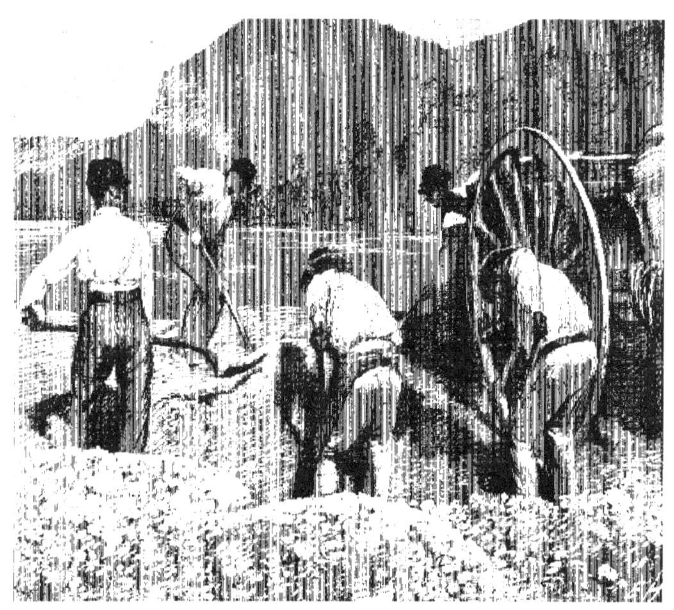

Les ramasseurs de sable (figures en plein air).

lui d'une nouveauté dont la difficulté insaisissable attisera l'ardeur d'y réussir. Les reflets qui viennent de tout ce qui compose la nature, donnent parfois des colorations si étranges aux lumières et aux ombres, que les figures se modèlent dans une même valeur; on y voit des ombres aussi claires que le ton local des chairs, mais que la couleur seule différencie; par exemple, une joue se modèle en passant du violet au vert, sans que l'ombre soit plus foncée que la demi-teinte, etc. Ces études sont extrêmement intéressantes; elles seront indispensables pour former les yeux d'un débutant et lui apprendre la coloration des ombres qui est une recherche toute moderne à la gloire des impressionnistes.

Nous avons demandé à Roll, le charmant peintre du plein air, quels sont les conseils les plus utiles à donner aux jeunes peintres, voici ce qu'il a eu l'obligeance de nous répondre :

« Les conseils à donner aux jeunes gens épris de notre haute carrière me semblent pouvoir se résumer ainsi : Ouvrir tout grand ses yeux et son cœur pour s'efforcer de saisir avec le sens profond, les expressions extérieures de la vie.

« Regarder et comprendre ou, plus exactement, regarder et sentir. Apporter à cette étude avec des sens affinés, le cœur ingénu et fervent des vrais croyants ; une cervelle libre de tout bagage littéraire, dédaigneuse des conventions, des puériles succès.

« Le grand enseignement est autour de nous, dans la nature qui comprend tout, et qui, dans la plus humble de ses manifestations, offre plus de beauté que l'imagination n'en peut évoquer.

« A chaque pas, elle nous enveloppe de cette beauté touchante et mystérieuse.

« Celui qui veut la pénétrer doit renoncer à tout, pour l'étudier chaque jour avec une volonté, un acharnement que rien n'interrompt ni ne décourage.

« Regarder n'est pas suffisant ; il faut aimer les êtres et les choses pour les mieux entendre. Alors l'émotion vient avec le besoin de la traduire.

« L'œuvre est cette émotion matérialisée.

« Il est bon d'étudier le nu sous des jours variés, dans l'atelier ; on peut ensuite transporter le modèle dehors, en observant les changements qui se produisent dans la coloration par la lumière. Puis en plein air, on guette l'effet, si fugitif.

« Dehors, tout est intéressant au même degré que le modèle : le paysage qui l'entoure, le ciel qu'il reflète, la lumière qui l'enveloppe et le métamorphose incessamment.

« Que la préoccupation de l'artiste soit faite de toutes ces choses : que son désir de vérité soit absolu, exempt de l'habileté que donnent les longs stages dans les ateliers, afin qu'il demeure innocent et troublé devant la nature. Car son trouble et son émotion, il ne les communiquera que par la vérité que contiendra son œuvre.

« Je pense que vous ne sauriez trop le répéter aux jeunes artistes : l'art élevé est celui qui s'applique à rendre la vie, la vie qui s'agite et chante, souffre, palpite autour d'eux. Ces souffrances, ces palpitations, prêtent une grandeur aux hommes, même les plus vulgaires ; qu'ils s'appliquent à la sentir, à la dégager ; avec les mêmes hommes ils exprimeront de grands sentiments, avec les choses, ils donneront l'intelligence des choses. »

« ROLL. »

Cette belle lettre révèle l'homme intime, artiste, observateur, désintéressé et obligeant ; tout ce qu'il exprime est à retenir. C'est par cette vérité des choses, cette émotion ressentie au contact de la nature, au spectacle des actions des hommes, que Roll a si bien compris la vie dans l'ambiance et a si bien traduit les joies et les tristesses de l'humanité.

Lorsqu'on aura fait des études de ce genre, en s'efforçant de les peindre avec conscience et de les dessiner avec le caractère personnel à chaque modèle, il sera facile ensuite de faire des pochades de mouvements en observant les travailleurs en plein air, depuis les ouvriers qui chargent du sable au bord de la rivière et les laveuses qui battent le linge en chantant, jusqu'aux laboureurs qui conduisent la charrue, aux moissonneurs, aux batteurs, aux faucheurs, etc., etc., en un mot, à tout ce qui personnifie le travail humain dans la campagne, en plein air. Ces études sont très séduisantes, parce qu'elles suggèrent quantité d'idées et de compositions de tableaux. L'artiste qui se sent las, après avoir beaucoup étudié dans l'atelier, n'a qu'à prendre une petite boîte à pouce et à sortir au grand air, il n'aura pas fait cent pas, que déjà il aura oublié ses fatigues et s'arrêtera pour observer un travailleur; il ne l'aura pas contemplé cinq minutes que son imagination sera en éveil; au bout d'un quart d'heure, il aura plusieurs projets de tableaux en tête, et quand il rentrera à l'atelier, les petits panneaux de sa boîte seront couverts de pochades documentaires pour ces futurs tableaux.

Pour les études de figures en plein air, on n'a pas de peine à trouver des effets intéressants au point de vue de la couleur; au soleil principalement, tout devient superbe; les chairs, les étoffes, les accessoires même les plus simples, prennent par l'opposition et la coloration des lumières et des ombres vigoureuses, quoique enveloppées, un aspect imprévu et pittoresque, qui donne envie de les peindre. Cependant, quand on n'a pas une grande habitude d'étudier en plein air, on se heurte à tant de difficultés, qu'il est nécessaire d'être dirigé pour éviter les pertes de temps et les mécomptes qui découragent. Pour faciliter les premières études, nous dirons aux jeunes peintres : choisissez de préférence un effet simple, par exemple, une figure à contre-jour, tournant le dos à la lumière; sa silhouette vous intéressera parce qu'elle vous montrera un dessin bien net, un contour très perceptible et des masses colorées, d'une seule valeur, sans détails où l'on se perd, quand on n'a pas encore la science de la synthèse.

Placez votre modèle, comme celui que montre notre planche en couleurs page 45. C'est une bergère de la Creuse qui file du chanvre, tout en surveillant ses brebis qui paissent plus bas. L'action ne compte pour rien, donnez-lui tel mouvement qu'il vous plaira, l'important pour cette étude, c'est de placer le modèle à contre-jour et qu'il soit assez élevé pour se silhouetter sur le ciel, afin de donner l'effet simple que nous recommandons. S'il vous est facile de vous procurer un modèle qui pose pour vous, cela sera parfait, car vous pourrez alors donner une séance entière au dessin et bâtir une figure qui soit construite convenablement. Quand vous reviendrez le lendemain pour peindre, vous n'aurez plus alors qu'à vous préoccuper des valeurs et du ton, c'est ce qui facilitera le travail. Si au contraire, c'est en vous promenant la boîte à la main, en quête des motifs, au hasard des rencontres heureuses que vous avez trouvé un modèle complaisant, n'hésitez pas, choisissez ce que vous voulez faire, il faut dessiner ou peindre. Quand on est tout jeune dans le métier, on a généralement une telle envie de peindre qu'on ne résiste pas à prendre la palette. D'abord, le dessin va comme il peut. Tout ce que dit le professeur est inutile, on sait qu'il a raison, mais la raison est si maussade. Plus tard, lorsque l'on a acquis une expérience personnelle, on préfère dessiner parce que cela est plus utile et que l'on rapporte toujours un document sérieux. Ainsi par exemple : étant donné l'effet qui nous occupe, le modèle de rencontre qui partira dans une heure et que l'on ne reverra pas le lendemain; le plus profitable serait de le dessiner avec un ton se rapprochant de ceux qui habillent le modèle (celui-là avait un grand manteau bleu marine, un corsage gris à manches semblables, une robe brune et un tablier bleu, plus clair que le manteau, plus foncé que le corsage, un chapeau de paille sali par l'usage et garni de rubans de velours noirs). Prenez alors pour dessiner un ton composé de violet noir et de bleu rompu, *sans employer de blanc*; dessinez en glacis *sans pâte*, obtenez les valeurs des manches et du corsage, en prenant la couleur plus liquide; dessinez la figure tout entière ainsi, en ne pensant qu'à la ligne et aux valeurs. Pour la tête seulement, prenez un peu de blanc que vous ajouterez au violet foncé et mettez la valeur juste, sans autre ton. Ménagez autour de la figure l'auréole de lumière où le soleil s'accroche, en conservant le ton du panneau. Puis avec le violet très étendu de liquide, mettez ensuite la valeur du fond, elle est plus claire que la robe, quoique très foncée par rapport au ciel pour lequel vous réserverez le ton du panneau. Il ne restera plus alors qu'à mettre les valeurs et la forme du rocher sur lequel pose la figure, en réservant encore la ligne de soleil qui l'éclaire et le dessin sera fini, quand avec un peu de terre de Sienne vous aurez dessiné la quenouille qui se détache sur le ciel.

Un tel dessin peut se faire facilement en trois quarts d'heure et vous avez une heure à travailler, quoi qu'il arrive, vous êtes assuré de rapporter une étude utile; pour employer les quinze minutes qui vous restent, peignez le ciel rapidement, c'est-à-dire en posant des taches de couleurs aussi justes que possible sans perdre votre temps à les fondre. Placez ensuite les tons des chairs, avec deux tons, une demi-teinte et un clair reflété, cela doit suffire, mais ne perdez pas de vue la valeur d'ensemble de la tête : elle est relativement très foncée si vous la comparez au ciel. Deux tons semblables pour peindre les mains, un ton bleu très clair pour la lumière qui éclaire le manteau, une petite ligne jaune et brillante pour éclairer le rocher, le coin de la jupe et le sabot, et voilà l'étude peinte. Si le modèle vous donne un quart d'heure de grâce, cherchez alors le ton du corsage et le ton du terrain du fond ; l'étude sera complète.

Les études de figures en plein air, offrent au peintre des effets très divers, selon le temps et l'heure où on les observe. C'est un genre tout particulier qui demande des aptitudes diverses et tout d'abord un sentiment de paysagiste. La figure en plein air ne peut pas être comprise (dans son exécution) comme le portrait que l'on peint à l'atelier, car l'exécution minutieuse des détails qui exclut l'enveloppe, ne lui conviendrait point. On ne doit peindre une tête ou une main qu'en pensant non seulement à l'ensemble de la figure, mais à l'ensemble du paysage où elle se meut. C'est ce que Roll a si bien compris et rendu dans ses figures. Ses portraits d'Alphand, de Damoye et de beaucoup d'autres sont surprenants de vie ; l'air ambiant circule, la tête se détache du fond, l'homme marche. Je ne crois pas qu'on puisse donner davantage avec la peinture la sensation vraie de la mobilité et de l'air. La figure en plein air n'est donc intéressante que si l'on sait voir et peindre ce que Jules Breton nomme *la fraternité des choses qui fait que tout tient de tout, et que rien n'est indépendant de rien*. Si l'on ne s'efforce pas de mettre cette théorie en pratique, si l'on n'est pas pénétré de son importance considérable, c'est que l'on n'est pas paysagiste ou *pleinairiste* ; pour nous servir d'une expression toute moderne qui dit bien notre pensée. Dans ce cas, il sera préférable de peindre dans les intérieurs, où la figure s'agite dans une ambiance plus facile à comprendre, parce qu'elle est plus simple et plus constante. Les scènes nocturnes sont parfois fort intéressantes pour le peintre et les effets qu'il en peut tirer sont multiples ; il y en a de très vigoureux et d'autres d'une enveloppe singulière, où tout se noie, se fond et s'enveloppe en un ensemble d'un charme mystérieux.

L'effet gris, par exemple, celui où la lune est cachée par un temps couvert qui plonge le paysage dans l'obscurité de la lumière diffuse, est d'un charme inouï. Tout d'abord, on ne voit rien lorsque l'on sort d'un intérieur lumineux, puis, peu à peu, le noir s'éclaire, les formes vagues se précisent, les objets se font reconnaître, leur tonalité se divise et l'effet général se précise en laissant deviner le mystère des masses noires, maisons ou arbres ; où l'on n'avait entrevu qu'une silhouette, on perçoit tout dans la douceur vague d'un rêve et rien n'est plus suggestif pour le peintre.

Notre planche en couleurs page 47 montre un de ces effets, c'est une femme de la Creuse allant la nuit chercher deux seaux d'eau ; nuit brumeuse où la lune est cachée. La silhouette se perd dans la valeur de la maison devant laquelle elle passe ; la lanterne qu'elle tient pique une note très brillante, qui, en éblouissant l'œil, ajoute encore du vague au vague, s'il est permis de s'exprimer ainsi.

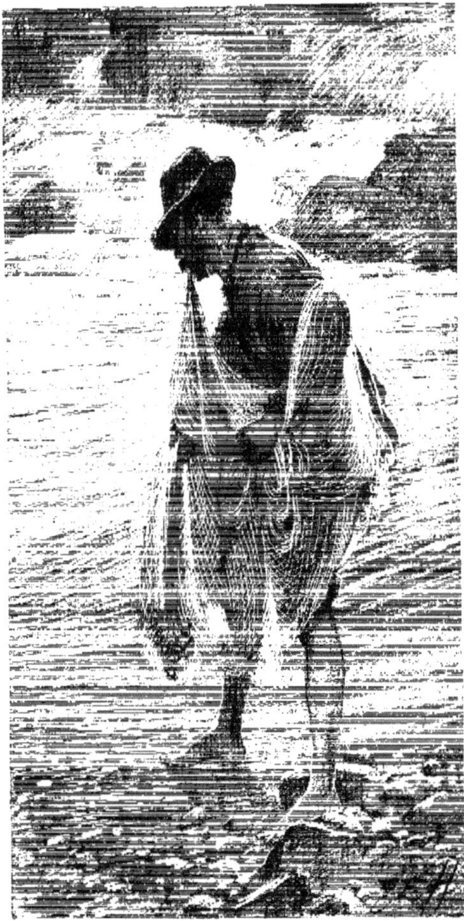

Le pêcheur à l'épervier ; étude de figure en plein air.

Dans les effets clairs de la nuit, il y a aussi de fort jolies choses à observer et à peindre.

Le dessin hors texte page 49 montre une femme qui vient de tirer de l'eau au puits, elle verse le contenu d'un seau dans l'autre. Tout l'intérêt de cette étude est dans la valeur et la tonalité des blancs ; le blanc de la lumière de l'eau, les tons blanc-jaune et verts du tablier blanc et les blancs des parties de murailles éclairées. Pour le chercheur délicat qui s'intéresse aux subtiles colorations, ces études sont fort captivantes; elles le sont d'autant plus qu'elles réservent des surprises inattendues pour le lendemain, car on ne sait jamais très exactement ce que l'on a fait quand la séance est terminée. Malgré une longue pratique de la peinture et des effets de nuit, malgré une grande connaissance de la palette, on ne sait pas exactement ce que l'on met comme coloration en travaillant la nuit, dehors, avec une bougie pour tout éclairage. Les valeurs sont très faciles à discerner, on croit voir et peindre le ton, mais quand on revoit l'étude au jour, elle ne s'accorde plus, ni avec ce que l'on a vu, ni avec les notes écrites où l'on a consigné sa vision. C'est donc par l'observation que l'on peut se pénétrer des colorations et obliger le cerveau à les enregistrer, c'est pourquoi il faut faire beaucoup d'études. L'étude, nous l'avons dit ailleurs, se fait dehors, en s'éclairant d'une lanterne placée de manière à ce qu'elle éclaire le travail, sans que l'on voit la flamme ; une bougie ou une faible lampe sont préférables à la lumière vive ; l'électricité ou le gaz acétylène ne donneraient pas un meilleur concours, parce que l'étude recevrait une trop grande lumière qui empêcherait de voir la nature en plongeant dans l'obscurité ce que l'on voudrait observer. Si ces études sont difficiles, elles n'en sont que plus attachantes ; aussi, ne serviraient-elles qu'à démontrer combien l'enveloppe si indispensable à tous les effets de nuit, est la qualité primordiale du plein air, quel que soit l'effet que l'on veuille peindre, ne donneraient-elles au peintre que le désir de mettre dans ses études de jour, l'enveloppe qu'il met presque à son insu dans les études de nuit, à ce titre seul, elles seraient recommandables; on pourrait dire obligatoires.

Le travail de l'atelier est très fatigant, moins peut-être pour l'artiste qui travaille avec le modèle, parce que la nature est là qui stimule son ardeur; mais on ne peint pas seulement des études avec la nature, on ne fait pas toujours des études, on fait aussi des tableaux ; c'est là ce qui lasse le cerveau, car il est soumis à une tension qui l'excède souvent. Nous avons dit plusieurs fois et nous ne craignons pas de le répéter encore, l'étude n'est que le document, le moyen qui aide l'artiste pour exécuter une œuvre et traduire sa pensée ou son émotion, mais l'étude n'est que cela. On n'a pas fait œuvre d'artiste parce qu'on a exécuté, même très habilement, une étude. C'est le tableau qui montre ce que vaut l'artiste. D'une manière générale, on ne peut pas peindre un tableau de plein air directement devant la nature parce qu'elle change continuellement d'aspect et fait naître tant de sensations diverses que l'artiste qui les éprouve presque toutes ne sait à laquelle se fixer. Aussi, quand on a décidé de traduire une sensation, de représenter un effet déterminé et fugitif, il n'y a que les artistes qui sachent ce qu'on souffre à vouloir rester sous l'empire d'une émotion quand la nature vous en offre

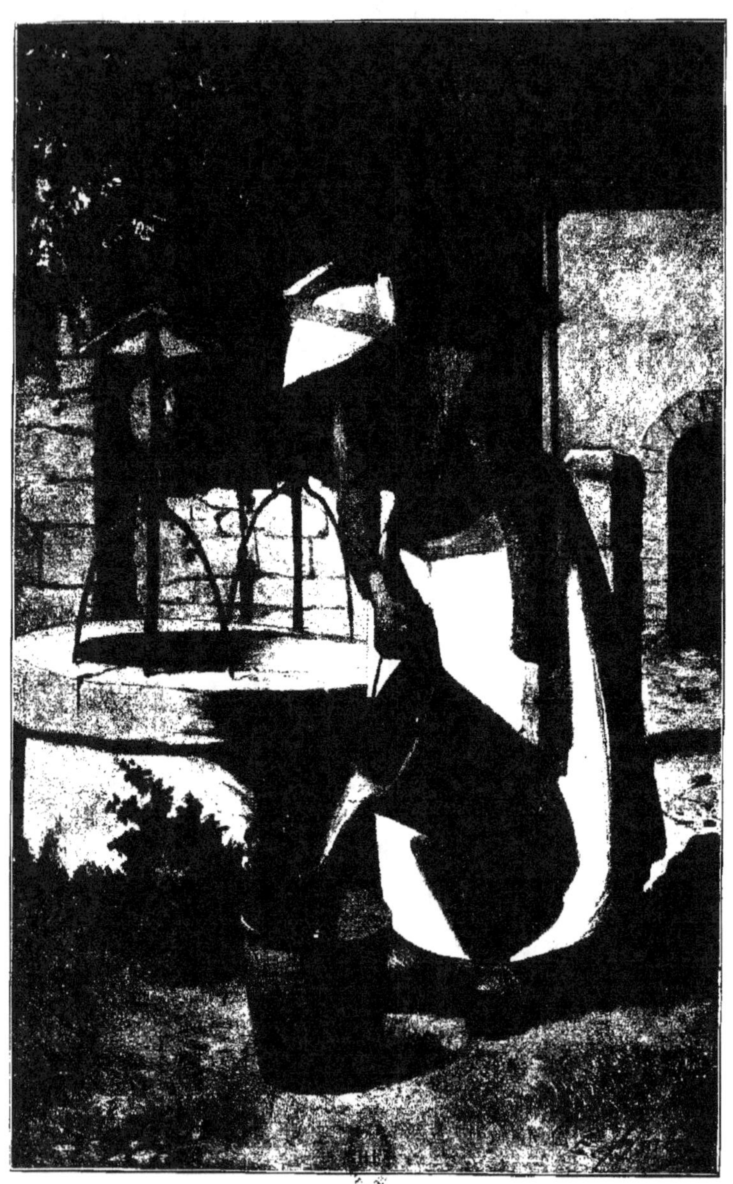

LA FEMME AU PUITS, EFFET DE NUIT CLAIRE

une autre. On ne peut se décider à quitter un effet qu'on sent, parce qu'on a beaucoup de choses à dire, et qu'il faut pour cela un temps matériel qui permette d'employer les moyens d'expressions. Or, pendant la période d'incubation et de préparation, le travail qui n'est qu'en germe est souvent affreux d'aspect. Et pendant ce temps, la nature qui se rit de nos efforts, nous montre tout l'ensorcellement de ses beautés, comme pour nous prouver notre impuissance. Pour lui résister et continuer sa pensée, il faut tous les dons d'un véritable artiste et encore n'y résiste-t-on presque jamais ; figurez-vous que vous vouliez fredonner un air entendu quelque part dont vous ne puissiez parvenir à retrouver que des passages et que pendant cet effort, une très jolie voix chante près de vous un autre air ; voilà la situation de l'artiste qui veut peindre un tableau devant la nature. En général, les études, car nous ne pouvons pas donner le titre de tableaux à ce qu'on a peint entièrement dehors, les études, disons-nous sont incomplètes, elles sont souvent très travaillées, très finies, mais il leur manque cette unité d'aspect qui fait le charme d'un bon tableau. Tout est détaillé, écrit et souligné, mais l'impression n'y est pas ; c'est très fouillé, très consciencieux, mais c'est l'œuvre d'un ouvrier, ce n'est pas l'œuvre d'un artiste.

Quand on travaille une étude à ce point, on est entraîné à faire aimable, on veut que tout soit gracieux de forme et joli de couleur, et l'on perd de vue la science des sacrifices ; voilà pourquoi il est si difficile de faire un tableau d'après nature. Lorsqu'on ne fait que des études d'ensemble, sans autre préoccupation que de se documenter, on peint généralement mieux ; la figure vous apparait débarrassée des détails puérils et l'on en comprend l'aspect général. Ce n'est plus une multitude de plis que l'on perçoit dans les étoffes, c'est un ou deux grands plis qui dessinent un mouvement, les autres disparaissent, ils sont d'ailleurs inutiles, on ne doit pas les voir ; si on ne sait pas synthétiser, adieu l'aspect, tous les détails des plis noieront ceux qui sont caractéristiques et l'effet deviendra nul. Les feuillages qui servent de fond ne doivent être vus que pour la valeur qu'ils donnent et pour l'accompagnement qu'ils font au morceau que l'on veut faire chanter ; si l'on détaille ces feuillages, on rapproche les plans, on retire l'air, tout est perdu. Pour nous résumer, nous dirons : Faites des dessins où chaque morceau sera très étudié : faites des croquis de mouvement sans faire poser le modèle (ceux-là seuls ont de la vie). Faites des pochades d'ensemble, figure et paysage en peignant tout en même temps, sans vous préoccuper du dessin. Peignez des morceaux très poussés d'exécution, même s'ils vous semblent mauvais, ne les lâchez que lorsque vous ne saurez plus rien y ajouter. Rentrez à l'atelier, entourez-vous de tous ces matériaux, et là, seul, méditez, obligez votre mémoire à se souvenir et faites l'esquisse de votre tableau. Quand elle vous semblera réunir tout ce que vous voulez, composition des lignes, effet de couleur, etc., prenez la toile et faites votre tableau ; il n'y a pas d'autres moyens.

Le grand artiste, Jules Breton, auquel nous avons demandé quelles étaient les principales choses à apprendre aux peintres qui veulent faire des figures en plein air, a eu l'obligeance de nous répondre ce qui suit :

« On a appelé la peinture du plein air celle qui a pour but d'exprimer les objets tels qu'ils se présentent sous une grande étendue de ciel, baignés d'une lumière diffuse, sur de larges plans de demi-teintes. Alors point d'ombres, proprement dites, si ce n'est au fond, des trous, où ne peut pénétrer le jour. Encore faut-il tenir compte de la couche d'air qui voile plus ou moins ces ombres ainsi réduites et y répand un voile plus ou moins transparent et léger.

« Cette couche d'air harmonise et unifie en même temps les différents reflets ambiants qui affluent de toutes parts, dans l'effusion que j'appelle *la charité ou plutôt la fraternité des choses*, et qui fait que *tout tient de tout et rien n'est indépendant de rien*... Jules Breton. »

La fin de cette lettre est à retenir pour le peintre qui veut faire du plein air. Tout l'art de ce maitre tient dans ces quelques lignes ; Jules Breton a su voir la nature en poète ; il a exprimé les sentiments les plus délicats et les effets les plus pittoresques avec de petits tableaux ou avec des figures de grandeur naturelle, sans jamais sortir de sa note poétique, tout en restant sincère et vrai. Son œuvre vivra parce qu'elle a toutes les qualités techniques exigées et qu'elle contient en outre une sentimentalité vraie qui élève l'âme. Les paysannes de Jules Breton, vivent et pensent ; elles aiment, elles souffrent. Ce ne sont pas des brutes comme certains soi-disant réalistes se sont plu à peindre les paysannes, et Jules Breton nous a montré que l'on était autant femme sous les humbles habits de la villageoise, que sous les dentelles aristocratiques des riches châtelaines.

Le plein air, il faut le reconnaître, à part quelques exceptions, a enlaidi la peinture ; beaucoup de peintres, sous le prétexte de faire vrai, ont représenté la nature dans ce qu'elle a de moins élevé, ou plutôt ils n'ont pas su découvrir la poésie rustique, qui se dégage de certaines actions humaines. C'est ce que J.-F. Millet avait si bien compris. Millet était un réaliste, Corot, Chintreuil, Rousseau, étaient aussi des réalistes, mais ils étaient des poètes et des artistes. Si vous enlevez la poésie d'un sujet sous quelque forme qu'elle se manifeste, vous rabaisserez l'œuvre à la prose et au travail manuel, cela ne sera plus la description d'une émotion, ce sera le procès-verbal et l'état des lieux. Le peintre doit être un poète et non un commissaire-priseur. Voici ce que dans ses *Causeries artistiques* écrivait M. F. de Lasteyrie (de l'Institut) au sujet de certains peintres réalistes ; nous pensons que ces notes intéresseront nos lecteurs, parce qu'elles appuient ce que nous avons dit et que le talent de cet auteur exprimera mieux que nous, ce qu'il faut penser de la laideur érigée en principe en matière d'art :

« Quant aux réalistes, eux, ce n'est pas l'imagination qui les tue. La stérilité érigée en dogme, voilà le fond de leur affaire ; — incapables de rien inventer, ils se cramponnent en copistes serviles aux plus mesquines réalités de la nature ; — incapables de rien animer du moindre souffle créateur, ils ne nous donnent même de ces réalités que la lettre morte ; — incapables de rien idéaliser, ils en viennent enfin à ne demander à la nature que ce qu'elle a de plus platement laid..., et ils appellent cela le réalisme, comme si, dans les véritables œuvres de Dieu, la pensée ne trouvait pas toujours sa place à travers les brutales réalités de la nature.

« Raphaël peignait des vierges, Titien les martyrs, Véronèse des demi-dieux, Corrège des nymphes, Rubens, Van Dyck, des reines et des princes, Rembrandt des bourgmestres en conseil, Poussin reproduisait les Saintes-Écritures, Van-der-Meulen ou Vernet les gloires de la France, Scheffer ou Ingres, la pensée des poètes, — chacun son goût. Les maîtres de l'école réaliste préfèrent nous montrer *un casseur de pierres sur le bord d'une route.*

« Nul sujet, dira-t-on, n'est impossible à traiter ; dans ce casseur de pierres, l'artiste n'a-t-il pas voulu personnifier le pauvre prolétaire accablé sous le poids de son labeur journalier, poursuivant machinalement jusqu'au soir, sa tâche pénible et abrutissante, tandis que sa pensée s'élève vaguement vers d'autres sphères ?

« Hélas les misères du pauvre ont bien aussi leur poésie !

« Mais non, le vrai réaliste ne connaît d'autres réalités que celles de la matière. Son casseur de pierres du tableau, n'indique ni matin, ni soir ; le site est laid comme tout le reste, — voilà ce qui en fait le beau... »   FERDINAND DE LASTEYRIE.

Cette critique est peut-être un peu vive, mais il est certain que la mission de l'artiste n'est pas de désoler l'humanité par le spectacle de ses misères, s'il ne lui en fait entrevoir la poésie et la moralité qui doivent la consoler.

Les tableaux de genre. — Le peintre de genre est un des artistes les plus favorisés du public, parce que la majorité des visiteurs aux expositions n'étant pas suffisamment instruite ou initiée aux connaissances artistiques, préfère les petites anecdotes, la sentimentalité, et par-dessus tout l'exécution des détails habiles, dont l'exactitude l'enthousiasme ; son admiration n'a plus de borne, si elle reconnaît des personnages ou si la mise en scène lui fait revivre des événements auxquels elle a assisté. Il faut dire aussi que de tout temps, des artistes de toutes nationalités, des plus forts et des plus connus, se sont plus à développer ce goût du public, en peignant des chefs-d'œuvre avec de petits tableaux de genre. On connaît les merveilles exécutées par les Terburg, Pierre de Hooghe, François Miéris, Gérard Dow, et tant d'autres maîtres de toutes les écoles que la mort a fauchés depuis des siècles, mais dont les noms restent immortels et les chefs-d'œuvre se trouvent dans tous les musées. Les peintres modernes, qui ont produit des toiles remarquables dans ce genre depuis cinquante ans seulement sont légion. Pour ne parler que de l'école Française, nous placerons en tête Meissonnier ; l'œuvre de ce maître extraordinaire, est trop connue pour que nous en parlions davantage. Parmi les contemporains il y aurait une longue liste à citer ; nous ne pouvons le faire, mais nous ne pouvons résister au désir de citer les noms de Gérôme, Dagnan-Bouvret, Roybet qui s'imposent et s'écrivent d'eux-mêmes. C'est bien à regret que nous omettons tous les autres.

Pour faire un peintre de genre, il faut naturellement commencer par apprendre à dessiner et à peindre, mais ce n'est pas tout, il faut être un observateur profond, doué d'une mémoire très grande de la pantomime et du geste humain. Cette mémoire entraîne à posséder celle de la forme, afin que le cerveau enregistre les scènes de tous genres, que la mémoire puisse les présenter et permettre de les formuler quand le peintre les appelle à son aide.

Lorsque l'on n'est pas doué de la mémoire de la forme, il faut travailler à la développer, ce qui est beaucoup plus facile qu'on ne le pense, quand on n'a jamais essayé, car ce manque de mémoire n'est, le plus souvent, qu'une paresse ou un manque d'entraînement et après quelques essais, on obtient souvent des résultats si encourageants que peu à peu, ils révèlent à soi-même, des aptitudes nouvelles, pour lesquelles on ne se savait pas doué.

La mémoire de la pantomime est indispensable pour représenter des actions quelconques qui montrent le mouvement et la vie. On pense en général, qu'il suffit de faire poser un modèle dans le mouvement que l'on veut obtenir et qu'il n'y a plus qu'à le copier servilement ; c'est une grande erreur. Demandez à un modèle le mouvement le plus banal qui soit, il le donnera toujours gauchement. Voulez-vous peindre un monsieur quelconque qui en salue un autre : dites au modèle de saluer quelqu'un qu'il rencontre, jamais il ne le pourra ; il vous donnera le mouvement faux, le geste commun d'un homme du peuple, qui, malgré la fiction, se croira devant un personnage qui le trouble. Vous ne pourrez rien en tirer, car il faudrait qu'il sente, qu'il soit un artiste, et de tels modèles se rencontrent rarement. Voilà pourquoi la mémoire du geste est indispensable au peintre de genre qui doit créer son mouvement par le souvenir de ce qu'il a observé, ne demandant seulement au modèle que des renseignements sur ce qu'il a oublié. Il ne faut pas croire que tout dépend du modèle et que s'il donnait le geste juste, cela suffirait au peintre. Un geste fugitif ne se pose pas, il n'y a que la photographie instantanée qui puisse quelquefois en donner une idée exacte ; mais cela est aussi très peu fréquent parce que l'objectif enregistre seulement des fragments d'un mouvement et que le plus souvent c'est la partie la plus rapide du geste qu'il a saisie, précisément celle que notre œil n'a pas le temps de voir et que notre cerveau ne peut classer. Voilà pourquoi l'instantané nous montre des choses si bizarres et si peu en rapport avec l'idée que l'homme peut se faire de la pantomime humaine. La mémoire et le croquis, tout au contraire de la photographie, résument en synthétisant l'ensemble d'un geste et n'en retiennent que ce qui est perceptible et compréhensible. Tous les artistes d'ailleurs sont unanimes à proscrire le renseignement photographique, si l'on ne possède une science qui permette de l'employer en connaissance de cause.

Nous avons demandé à Victor Gilbert, le peintre des halles et marchés, bouquetières et voitures de fleurs qui circulent dans Paris, quelles étaient à son avis, les qualités qu'un peintre de genre devait posséder. Voici ce qu'il nous a répondu :

« La peinture de genre étant surtout la représentation des scènes de la vie (ancienne ou moderne), il faudra avant tout que celui qui veut s'y livrer ait le souci de la vérité et d'en donner la sensation. Pour cela, il faut qu'il soit *observateur* dans toute l'acception du mot ; alors il rendra avec justesse, les attitudes, les gestes et les types de ses personnages, bien en rapport avec le sujet de son tableau. Il donnera à chaque personnage, le caractère ou le type qui lui convient. Il cherchera aussi à bien dessiner, qualité importante dans tous les genres, mais qui demande beaucoup d'exactitude dans celui-là.

« Enfin, il mettra dans ses tableaux des rapports exacts entre les fonds (intérieurs ou paysage) et ses figures.

« Quant à l'arrangement et la couleur, c'est affaire à celui qui compose ; cela peut varier à l'infini, selon le goût de l'individu. Cependant je crois que la qualité à acquérir, sera la simplicité ; que le sujet se lise bien à première vue.

« Comme modèles, voir : Terburg, Dow, et autres Hollandais ; Chardin, Greuze ; parmi les modernes : Meissonnier, Gérôme, Dagnan, etc. »

« VICTOR GILBERT. »

Victor Gilbert, on le voit, recommande l'observation, comme l'une des qualités primordiales, du peintre de genre ; on sait d'ailleurs avec quelle attention, il observe lui-même, les moindres détails de ses scènes parisiennes, depuis la charmante petite bonne jusqu'à la grande coquette, depuis la modeste ouvrière jusqu'à la grande dame suivie de son valet de pied dans le marché aux fleurs de la Madeleine. Toutes les élégances et toutes les conditions sociales de la grande capitale, sont étudiées et notées par cet infatigable observateur parisien qui aime Paris par-dessus tout et qui sait si bien le traduire.

Pour le peintre de genre, le caractère et le type du personnage doivent être un sujet d'études et d'observations constantes, comme le dit Gilbert, en ajoutant que la correction du dessin est encore plus nécessaire et demande plus d'exactitude que dans les autres genres de la peinture. Les scènes de la vie ordinaire offrent mille variétés de sujets de tableaux ; il n'y a qu'à regarder autour de soi et l'on peut, sans posséder aucune imagination, créer des compositions fort agréables, rien qu'en observant ce qui se passe.

La cuisine à elle seule, peut fournir au peintre assez de sujets variés pour qu'il y consacre sa vie ; la ménagère que nous voyons constamment chez l'ouvrier, la bonne qui vit à la cuisine du bourgeois, la cuisinière de grande maison enfin, avec son luxe de batterie de cuisine resplendissante sont plus que suffisantes à la carrière d'un peintre. Sans même se déplacer pour observer les modèles, on peut, en restant chez soi, dans quelque condition sociale où l'on vive, trouver des éléments suffisants pour peindre toute sa vie dans le même décor, les scènes de genre qui s'y renouvellent sans cesse. Il suffit pour s'en convaincre de voir les œuvres de Chardin. Le grand maître n'a fait que regarder autour de lui, chez lui et cela lui a suffi pour peindre des chefs-d'œuvre. Les tableaux de Bonvin en sont une autre preuve ; quantité de tableaux de Ribot aussi, ce dernier surtout si surprenant, dont les procédés mystérieux ont tant étonné les artistes, n'a peint chez lui, que sa femme et sa fille. Quelques rares modèles dont les têtes typiques lui plaisaient et des jeunes gens qu'il peignait en costume de cuisinier lui ont suffi pour fournir le prétexte d'un très grand nombre de tableaux et de scènes diverses. Il ne faut donc pas énormément d'imagination ; il suffit d'observer pour récolter une moisson abondante de sujets de tableaux.

L'exécution tient une très large place dans les tableaux de genre ; il faut que le peintre soit savant et habile. Les petites têtes et les petites mains des personnages exigent une précision de dessin impeccable ; les accessoires, les natures mortes demandent une adresse particulière, une liberté et une touche spirituelle qui s'acquièrent, mais qui le plus souvent sont le résultat d'un don naturel.

Pour devenir peintre de genre, il faudra commencer par étudier les natures mortes et les figures, en observant tout ce qui a été dit précédemment, car il est nécessaire de pouvoir peindre des têtes et des mains de grandeur naturelle avant de les exécuter dans de très petites proportions ; autrement on n'y parviendrait pas. Le peintre de genre est un portraitiste, il ne faut pas l'oublier et s'il se permet de corriger les traits de son modèle, il faut que ce soit en connaissance de cause ; s'il accentue ou atténue telle ou telle partie du visage pour que le type qu'il veut montrer soit bien celui qu'il désire, cela ne peut être que le résultat d'une science, le hasard n'étant pas un moyen sur lequel on puisse compter pour ces sortes de corrections.

En peignant des études de figures chez soi, on se trouvera amené, sans s'en douter, à peindre des tableaux de genre, parce que les modèles donneront des mouvements naturels et des actions inattendues qui fourniront le prétexte de tableaux où il n'y aura qu'à copier pour composer. Dans les détails de la toilette seulement, soit que le modèle se dévêtisse ou qu'il s'habille, les mouvements fourniront cent sujets de tableaux que le peintre saura voir et dont il tirera parti; il n'aura qu'à les observer pour en comprendre l'abondance.

Mais le peintre n'est pas obligé de se cantonner ainsi; il peut élargir son cercle; partout il trouvera de quoi observer et peindre. Parmi les métiers des hommes, les sujets de genre fourmillent, la forge, à elle seule, est d'une abondance inépuisable; dans toutes les villes, il y a des forgerons, dans tous les villages des maréchaux; là surtout, les sujets sont extrêmement variés, car ils comportent des animaux, depuis le cheval, le mulet et l'âne jusqu'à la vache que l'on amène pour être ferrés, ce qui provoque des scènes de genre très diverses.

Avant de peindre des scènes aussi compliquées, non seulement par le nombre des figures et des animaux, mais encore par les différents effets de lumière, du feu de la forge et de la lumière extérieure, on devra procéder à des études plus réduites; une seule figure suffira. Quelle que soit l'action du personnage et le genre de l'effet qui l'éclaire, tout ce qui se passe dans une forge est intéressant à peindre.

La plupart du temps, il n'y a qu'un châssis qui éclaire l'atelier; souvent même le jour ne pénètre que par la porte quand elle est ouverte: c'est ce qui donne tant d'effets aux objets en les éclairant très vigoureusement. Il arrive aussi que la forge s'illumine tout à coup, sous l'action du soufflet tiré lentement par le forgeron et que le jour entre en lutte avec le feu pour rivaliser d'intensité. Ces effets sont très curieux et très jolis de couleur, parce que les ombres disparaissent pour faire place aux colorations et l'on voit alors les tons de chairs dans la lumière, prendre des colorations vertes, par rapport aux parties dans l'ombre que la forge allume d'un reflet très rouge.

Notre dessin page 56 montre un forgeron de village attisant le feu qui fume sans éclairer: c'est une étude semblable qu'il conviendra de peindre pour commencer: l'effet en est très franc et sera plus facile à exécuter. On pourra ensuite essayer l'effet des deux lumières, du jour et de la forge, en observant bien quelle est celle qui doit être la plus intense, pour ne pas s'exposer à les faire aussi vives l'une que l'autre, ce qui nuirait à l'effet d'ensemble; c'est dans cette étude qu'il est indispensable de tenir compte des valeurs complémentaires.

Les études qu'on fait dans les forges, que ce soient des dessins ou des peintures, ont le grand avantage d'obliger le peintre à dessiner simplement, cela tient au jour étroit qui supprime les demi-teintes et les détails.

Les étoffes se résument en lignes générales d'où les petits plis sont

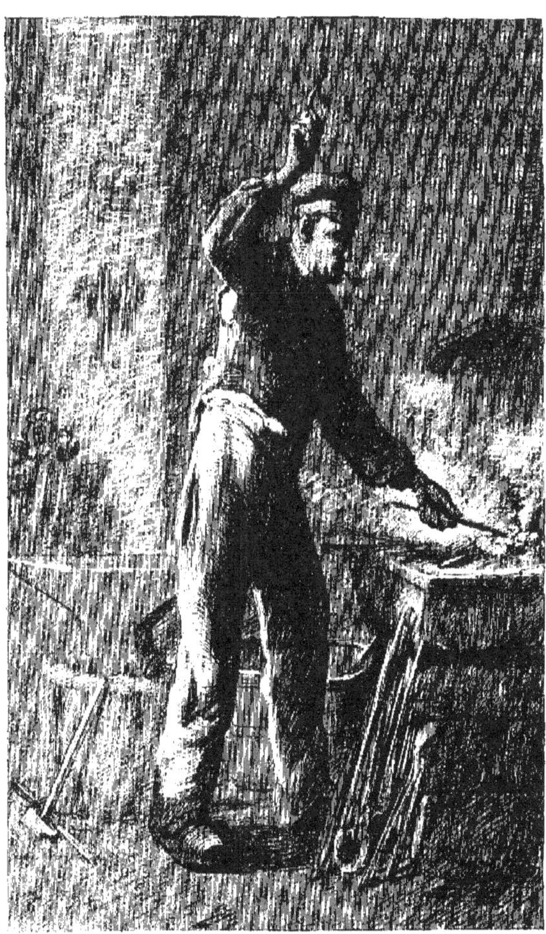

Le forgeron.

exclus, c'est ce qui donne tant de caractère et d'effet ; plus le détail est supprimé, plus l'aspect est franc, c'est donc vers ce but qu'il sera nécessaire de diriger tous ses efforts et l'on voit par notre dessin combien la simplicité des détails dans une partie de lumière en augmente la vivacité ;

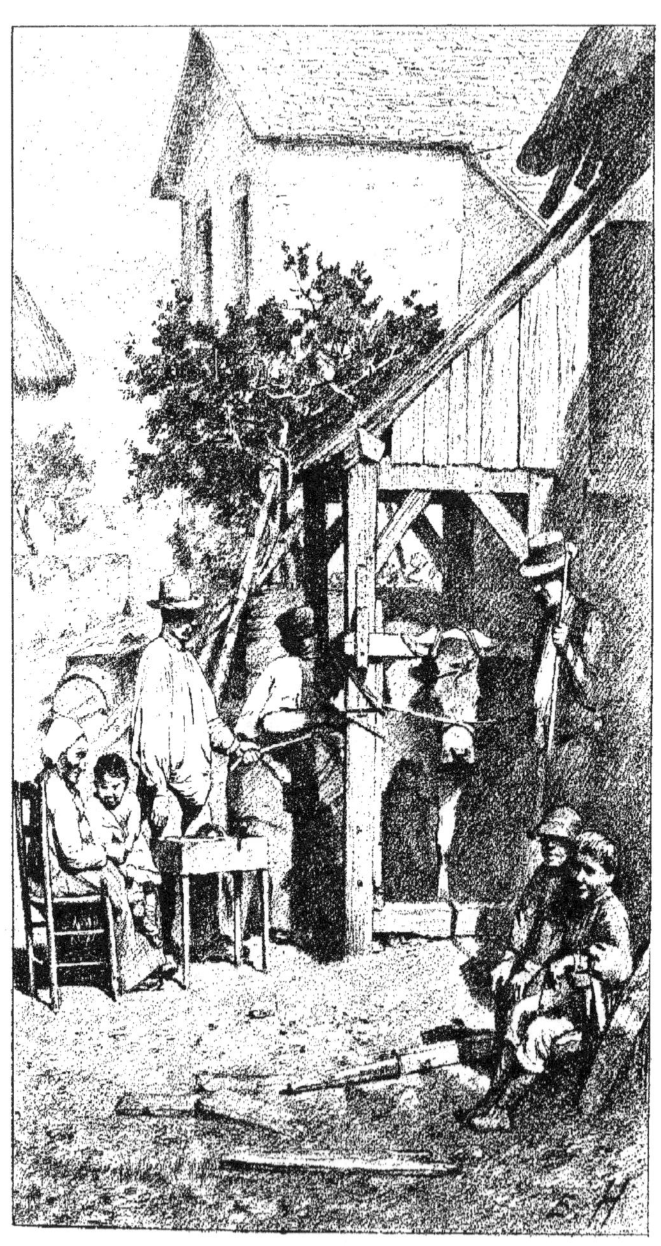

Le maréchal du village ferrant un bœuf.

nous reviendrons encore sur ce sujet qui a une grande importance.

Le tableau de genre englobe dans sa classification tous les styles, toutes les époques et conduit tout naturellement l'artiste à peindre les intérieurs dont nous parlerons dans un chapitre spécial. Les époques anciennes peuvent fournir quantité de sujets, d'anecdotes, de scènes intimes, bourgeoises et militaires ; ces derniers tentent les artistes qui recherchent les effets de couleur et aiment à peindre les étoffes de satin et de velours. Les soldats, les seigneurs, les gentilshommes, tous les personnages de cour de François Ier à Louis XVI ont fourni matière à spécialités. Chaque peintre adopte le genre qui lui plaît le plus, ou celui dans lequel il déploie le mieux ses qualités et ses aptitudes. Le peintre de genre, comme nous l'avons dit déjà, peut limiter le sujet de ses tableaux à la représentation d'un seul personnage dans une attitude quelconque, sans être obligé à le faire mouvoir dans un milieu très expliqué ; par exemple, un soldat buvant une pinte de bière, ou se versant un verre de vin, n'oblige pas à peindre un intérieur proprement dit. La scène peut se passer dans un corps de garde ou dans une taverne quelconque, et pour expliquer tout un décor que l'artiste ne veut pas montrer, afin de ne pas disperser l'intérêt qu'il veut concentrer sur le personnage, il lui suffira d'un détail placé à propos. Pour le corps de garde, le personnage est assis ; on voit l'escabeau et la table sur laquelle il est accoudé ; cette table peut même toucher le mur qui sert de fond ; voilà le tableau ; un groupe de hallebardes placées près de la table évoquera l'idée de plusieurs soldats, plus loin, hors du cadre, ou bien un tambour, un ratelier d'armes, tout ce qui peut suggérer la pensée que cet homme ne vit pas seul dans le milieu où il est représenté.

Tout, dans la composition d'un tableau de genre, dépend de ce que l'artiste veut montrer. S'il ne peint qu'une figure sans détails autres qu'une muraille pour servir de fond, c'est qu'il veut mettre en scène un personnage seulement, un type de soudard ou de gentilhomme ; c'est qu'il veut montrer les riches étoffes de satin, de velours et de dentelles dont il est habillé ; s'il attirait l'attention ailleurs que sur la figure par un fond trop meublé de détails, le tableau manquerait d'unité ; l'effet se disperserait : c'est ce qu'il faut éviter. Dans ces sortes de tableaux, l'exécution qui doit toujours passer inaperçue, demande une grande habileté pour que chaque tissu ait bien la consistance qui lui est propre ; il ne suffit pas que le satin soit bien de couleur, il faut aussi que l'exécution métallique en montre le brillant et la ténuité délicate qui le distingue du velours : le cuir des chaussures et des armures ne doit pas être aussi dur que le bois ou le métal ; il doit cependant être moins souple que les étoffes, etc.

Tous ces détails, qui sont du domaine de la nature morte, demandent une exécution aussi parfaite que judicieuse et les qualités nécessaires à acquérir pour y réussir sont les suivantes : dessin, valeurs, couleur.

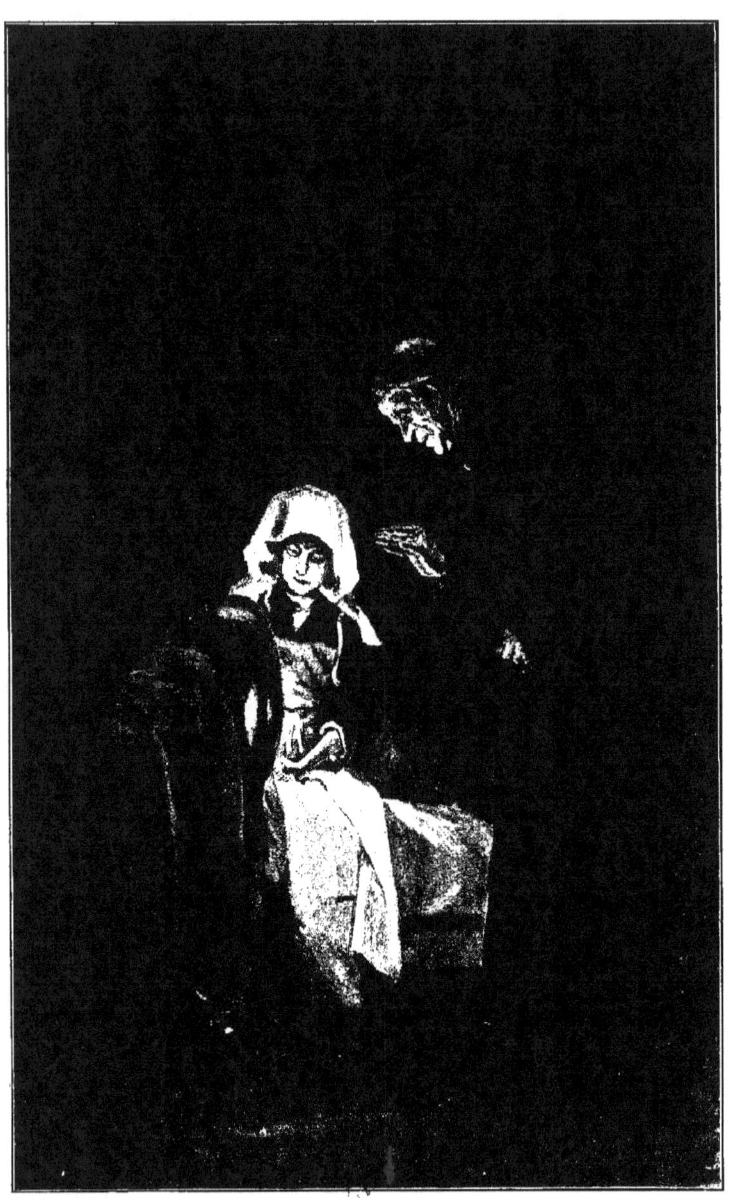

LE NOUVEAU PAROISSIEN

On sait avec quel brio et quelle puissance d'effet, Ferdinand Roybet a peint les soudards et les personnages Louis XIII. Les porte-étendards, les trompettes et les jeunes pages ont été, pour le peintre, des prétextes à montrer la richesse de sa palette, la science et l'habileté de son pinceau. On sait aussi quels succès il a remporté avec l'inoubliable tableau *Les propos galants* et tant d'autres pages magistrales. On sera donc aussi curieux qu'intéressé à savoir ce que l'artiste conseille d'apprendre aux jeunes gens qui veulent devenir des peintres. Voici la lettre qu'il nous a fait l'honneur de nous écrire :

« Pour faire un peintre de talent, il faut d'abord être né peintre, étudier la nature avec amour et s'efforcer de la voir simple et grande — toute la peinture est là : savoir voir et exprimer simplement. Puis faire le sacrifice de ce que l'on appelle plaisir en ce monde et passer sa vie à cet art si intéressant et toujours nouveau. Ne travailler avant tout que pour soi et non pour de l'argent.

« Voilà cher confrère, mon opinion personnelle, elle vous paraîtra peut-être compliquée, mais au fond, elle est très simple. » — F. ROYBET.

Tous les artistes, on le voit, sont unanimes à penser et à dire que le travail constant et désintéressé est une des premières conditions de la réussite, avec le don naturel.

Avant d'aborder les tableaux d'intérieurs, nous avons à dire encore bien des choses sur les tableaux de genre et sur la composition des scènes qui montrent plusieurs personnages, tout en ne donnant pas d'extension au décor.

Le nombre des compositions que l'on peut imaginer avec un ou plusieurs personnages, sans que cela oblige à un décor d'intérieur, est illimité. Nous pourrions citer quantité de toiles charmantes où la scène semble se passer dans un intérieur, sans qu'il n'y ait dans l'agencement du fond, d'autres accessoires qu'un mur, sur lequel un objet accroché suffit à tout expliquer. Le dessin hors texte page 59, montre précisément un tableau qui a beaucoup d'effet et dont la scène fait deviner un intérieur breton, ainsi que l'indiquent les vêtements des deux femmes ; il n'y a rien autre que quelques accessoires et la scène se comprend : le milieu où elle se passe se devine. Le sujet représenté est intitulé : *Un nouveau paroissien*. Le prêtre, prévenu de la naissance d'un enfant, vient faire une visite à la jeune mère ; il se fait montrer son nouveau paroissien et le bénit en attendant le jour du baptême. Nous devons à l'obligeance de l'auteur, M. Renard-Brault, professeur à la manufacture nationale de Sèvres, l'autorisation de reproduire cette œuvre qui a eu un très vif succès parmi les artistes et les connaisseurs.

L'effet de lampe y est fort bien rendu et donne au tableau, un charme de coloration très captivant dont le peintre a su tirer un excellent parti. Tout y est senti, raisonné et puissamment rendu : le geste onctueux du prêtre, son attitude, son type même, sont très caractéristiques. Ce n'est pas un modèle banal, que l'on a déguisé pour la circonstance ; c'est bien un bon prêtre dont la figure à la fois énergique et bienveillante, attire la sympathie.

Lorsqu'un tableau de genre, arrive à suggérer de vives sensations, c'est une œuvre d'art de premier ordre. Nous ne pouvons donner qu'une reproduction imparfaite de cette belle œuvre à cause des moyens mécaniques, mais ce que l'on pourra en juger joint à ce que nous allons dire, sera (nous en avons l'espoir), d'un grand secours, et d'un excellent exemple pour les jeunes peintres.

Le danger à redouter dans un effet comme celui qui nous occupe, c'est la dispersion de l'effet ; il faut savoir donner à chaque personnage, comme à chaque accessoire, l'importance relative au rôle qu'ils doivent jouer. Aussi est-il indispensable que tout pose ensemble, au moins pour la séance de l'ébauche, où toutes les valeurs seront établies. Quand on n'a pas l'habitude des ensembles, on veut toujours trop détailler partout et c'est ainsi qu'on tue l'effet.

Si, après avoir peint des études et des tableaux avec un seul personnage, on voulait peindre une scène composée de plusieurs figures, dans le genre du « *Nouveau paroissien* », c'est-à-dire dans un effet de lampe et de jour, voici comment on devrait procéder : Si la scène que l'on veut peindre est une chose vue par hasard, comme celle qui nous occupe et qu'on ne puisse pas la peindre avec le décor véritable, et les réels personnages, il faudra la reconstituer de mémoire et faire une esquisse au fusain, à l'encre de Chine, ou en peinture, d'un seul ton, noir ou brun. Quand les lignes et l'effet principal seront trouvés, que la composition semblera s'arranger d'une manière pittoresque, il faudra ensuite peindre une esquisse, pour voir la disposition des taches de couleurs et l'effet de l'ensemble au point de vue du ton ; voici ce qu'il faut faire :

Prenez une petite caisse de soixante centimètres (environ) sur toutes ses faces. Enlevez un côté, placez-la sur une table, comme les enfants disposent leurs comédies ; prenez ensuite de la terre glaise, ou de la plastiline et modelez avec (très sommairement) les petites figures et le berceau en disposant tout comme l'indique l'esquisse dessinée qui a été faite. Placez une veilleuse allumée dans un petit verre, ou tout autre objet, et voilez-là par un morceau d'étoffe bleue, comme il devra s'en trouver une dans le tableau. Placez des papiers ou des chiffons blancs pour imiter la couverture et le drap du lit ; mettez un petit morceau d'étoffe claire sur la tête des deux femmes ; enfin mettez des morceaux de drap noir autour de la figurine qui représente le curé. Si vous avez placé la caisse à contre-jour, vous obtiendrez l'effet d'ensemble de couleur qui vous permettra de peindre l'esquisse.

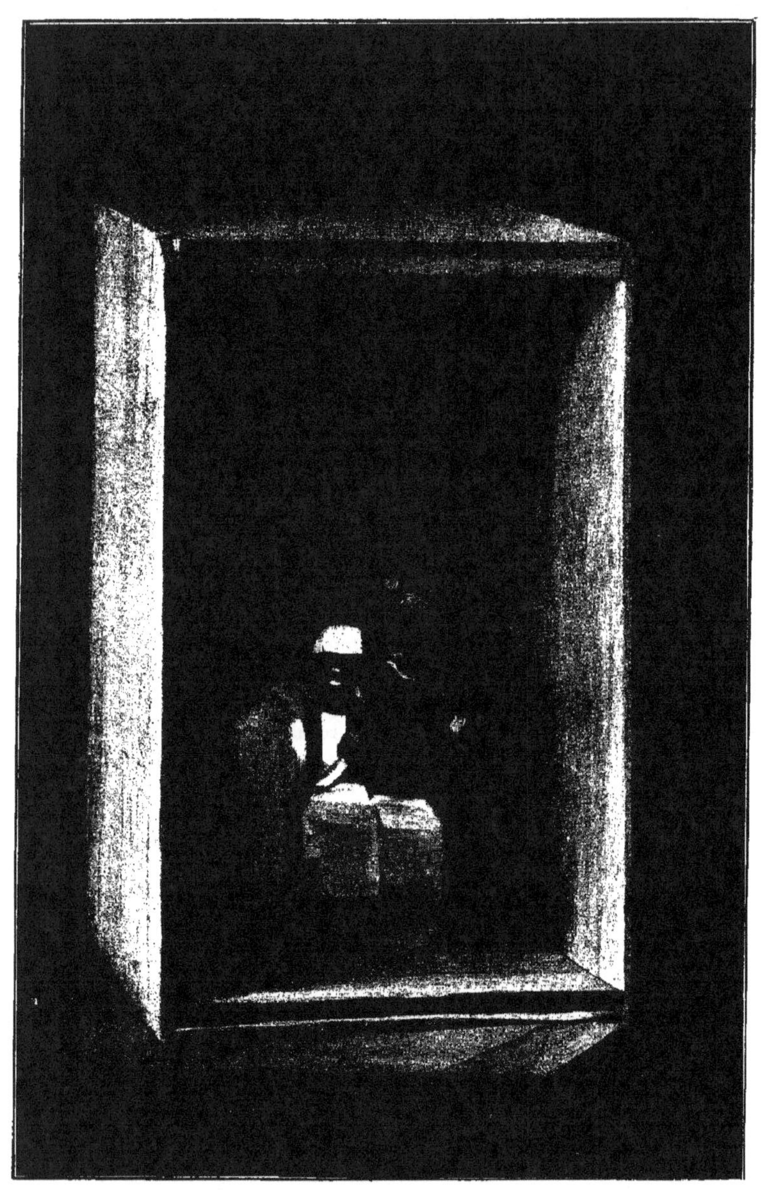

FIGURINES EN TERRE PLACÉES DANS UNE CAISSE POUR AIDER LE PEINTRE
A TROUVER L'EFFET DE SON ESQUISSE

Si vous voulez vous rendre compte des tons de chairs, peignez les têtes et les mains des figurines avec des couleurs à la *gouache;* si vous n'en avez pas sous la main, écrasez des pastels et en les détrempant avec de l'eau, vous aurez des couleurs à la gouache. Si la terre glaise n'est pas sèche et que la couleur à la gouache ne puisse ni prendre, ni sécher, faites adhérer sur les parties que vous voulez peindre, des morceaux de papier blanc et peignez dessus à l'aquarelle ou à la gouache.

Lorsque l'esquisse paraîtra satisfaisante et quand on voudra exécuter le tableau, il sera nécessaire de préparer la scène entière en construisant, ou tout simplement en se procurant un berceau, en l'agençant comme on le désire, en plaçant une bougie derrière l'étoffe (comme si la femme qui montre l'enfant au curé, tenait un flambeau quelconque). Quand la mise en scène sera préparée, on placera les deux principales figures (il serait préférable que la troisième figure soit présente à cette première séance) et on les dessinera très simplement, afin que les proportions de chaque figure soient bien en rapport avec le plan qu'elles devront occuper. Ceci étant fait, il faudra procéder à un dessin très étudié de chaque personnage, ainsi que des accessoires. Ce dessin se fera à volonté, quant au choix du procédé. L'ébauche se fera ensuite en faisant poser les trois personnages à la fois; dans cette première séance de peinture il ne faudra mettre que des valeurs et des colorations sans s'occuper de l'exécution; il s'agit seulement de bâtir l'effet et de connaître exactement les valeurs relatives des personnages et des objets. Quand cette ébauche sera sèche, on reprendra chaque partie pour l'exécuter définitivement, en ne sortant pas de la valeur indiquée pour chaque plan, c'est-à-dire, sans augmenter la force des ombres et des lumières, car l'ensemble se désagrégerait. Quand tout aura été exécuté, que le tableau sera resté quelques jours hors de la vue et qu'il sera sec; on enlèvera l'embu au moyen du vernis Vilbert et l'on examinera ce qu'il y a lieu de simplifier pour que l'effet soit unique et qu'il n'y ait pas de parties trop faites qui attirent l'attention. Il sera nécessaire de simplifier les détails dans les étoffes, de façon à ce que les grandes lignes seules restent apparentes. Dans les blancs principalement, il y aura des colorations très fines à observer et la valeur devra en être très juste par rapport à la lumière qu'on voit au travers de l'étoffe bleue.

Enfin nous dirons encore, comme dernière recommandation, que l'enveloppe devra être l'objet d'une grande préoccupation, car c'est elle qui donne la perspective aérienne et la profondeur dans un ensemble, et fait que les figures semblent pouvoir se déplacer. C'est en noyant les contours, en évitant les sécheresses et les détails qui ne sont pas absolument indispensables, que l'on obtient l'enveloppe, qualité si importante et sans laquelle il n'est pas de bon tableau.

Manière de préparer les panneaux. — Le peintre de genre préfère généralement les panneaux aux toiles, en raison de la ténuité du grain de l'apprêt qui lui permet une exécution plus fine. La toile dite fine peut remplacer le panneau, mais la rigidité du bois fait mieux pour l'exécution des choses précieuses.

Les panneaux que l'on achète dans le commerce, sont en général, bien préparés; il suffit d'un simple coup de papier de verre pour poncer, enlever les petits grains et obtenir une surface lisse comme le verre si on le désire. Il est préférable d'acheter les panneaux tout préparés, parce qu'il est assez difficile de faire cette opération soi-même si l'on n'a pas pratiqué la peinture en bâtiment; le panneau doit être recouvert d'une couche très épaisse que l'on nomme un enduit; cette couche s'étale au moyen d'un couteau spécial, dit couteau à enduire, et son maniement demande une grande habitude pour s'en servir utilement. Si l'on voulait préparer des panneaux soi-même et obtenir une surface très lisse, il faudrait appliquer des couches de peinture successives en ayant soin de les laisser bien sécher et de poncer chaque fois avec le papier de verre, avant de remettre une nouvelle couche. La peinture que l'on emploierait à cet effet, devrait toujours être *maigre*, c'est-à-dire qu'elle devrait contenir plus d'essence de térébenthine que d'huile.

Les peintres de genre se sont plu à peindre des figures sans fond en réservant celui du bois naturel du panneau; c'est une fantaisie qui peut être d'un effet charmant et si l'on était tenté de la renouveler, il faudrait se procurer des panneaux d'un grain très fin et d'une très belle essence, telle que l'érable, le citronnier, etc...

On trouve dans le commerce ces panneaux tout préparés, c'est-à-dire tout vernis et prêts à recevoir la peinture artistique. Pour apprêter soi-même des panneaux semblables, il suffit de les poncer au papier de verre (très fin) et de les vernir avec le vernis à tableaux; deux couches de ce vernis doivent suffire. Si l'on voulait peindre directement sur le bois sans vernir préalablement, l'huile des couleurs formerait autour de la peinture une auréole tachant le bois, ce qui serait d'un vilain effet auquel on ne saurait remédier.

On peut aussi peindre directement sur le bois sans aucune préparation; c'est un procédé excellent, mais à la condition de ne pas réserver le bois apparent, d'employer le panneau comme s'il était préparé à la façon ordinaire et de n'exécuter qu'au second coup, après une ébauche préalable. Ce que l'on peint du premier coup et sans retouches, s'alourdit, souvent même noircit; de plus, la peinture devient très embue et il faut plusieurs couches de vernis pour la faire revenir quand le bois est poreux; ces couches de vernis jaunissent les tons, il est préférable de les éviter.

Les intérieurs. — Les intérieurs d'églises et les intérieurs de monuments en général sont peu recherchés par les artistes, aussi en voit-on rarement dans les musées et dans les expositions ; cela tient à ce que les intérieurs sont du domaine de l'architecte et des professeurs de perspective. En effet, dans ce genre de tableau, la perspective des lignes ne souffre pas d'erreur ; elle ne permet pas les à peu près ; on ne peut rien sous-entendre ; il faut tout montrer ; or, on sait que le tempérament du savant est généralement l'opposé de celui de l'artiste. A part certaines exceptions, l'artiste ne peut se résoudre aux calculs ; les sciences exactes l'ennuient parce qu'elles l'enferment dans un cercle qui ne laisse aucune liberté à son rêve ; il est donc peu d'artistes qui aiment la géométrie et la perspective. Ceci est tellement connu, que dans les ateliers, lorsque l'on voit un élève se préoccuper beaucoup de la perspective et y devenir très fort, on a coutume de dire qu'il ne fera pas de peinture ; cela s'est d'ailleurs souvent réalisé. La perspective peut donc être apprise par tous ceux qui en seront tentés ; avec de la volonté et de la patience, on y deviendra très habile. Nous avons demandé à M. Charles Apoil, le savant professeur de géométrie et de perspective de la manufacture de Sèvres, qui a formé un très grand nombre d'élèves en fort peu de temps, quelle était la manière de travailler qu'il conseillait aux jeunes peintres pour apprendre rapidement cette science indispensable aux artistes ; voici ce qu'il a eu l'obligeance de nous répondre :

« La perspective n'est en réalité que de la géométrie descriptive dont on modifie les procédés de manière à obtenir, dès le début des opérations, des lignes faisant image, résultat essentiel pour un peintre.

« De plus, la perspective directe pouvant être considérée comme la mise en perspective d'une suite de constructions géométriques, il s'ensuit qu'un élève l'apprendra d'autant plus rapidement et facilement qu'il saura mieux la géométrie.

« En étudiant la perspective, on peut se proposer d'obtenir trois résultats différents : 1° L'élève désire seulement savoir si ce qu'il copie d'après nature, ou ce qu'il arrange d'après nature est correct : Il lui suffira de connaître empiriquement les règles principales de la perspective et de les appliquer : il choisira un traité simple, et fait pour les peintres.

« L'écueil est que la moindre difficulté peut embarrasser beaucoup celui qui applique une règle sans savoir la raisonner.

« 2° On veut pouvoir obtenir une perspective d'après un plan déterminé :

« Dans ce cas, il faut reconnaître les éléments de projections, savoir établir le plan d'une pièce, d'un monument, etc...

« Un plan géométral et les observations correspondantes sont en effet nécessaires pour établir cette perspective.

« Les méthodes pour mettre ce géométral en perspective sont nombreuses et quelques-unes d'entre elles sont très simples ;

« 3° Enfin l'élève veut tirer de la perspective toutes les ressources qu'elle peut offrir à un peintre :

« Elle devient un aide puissant, car il peut alors chercher à obtenir tous les effets qui lui sont nécessaires, effets qui paraîtront d'autant plus naturels, que sa perspective sera mieux raisonnée.

« Pour atteindre ce résultat, l'élève doit posséder à fond les règles de la perspective directe : il ne travaille plus d'après un plan, mais bien directement sur son esquisse, ou son tableau, sans recourir à un géométral. »   « CHARLES APOIL. »

On voit par cette lettre que la perspective peut s'apprendre sans maître à quelque endroit que l'on habite ; il suffit de se procurer une méthode, ou un traité simple et fait pour les peintres, et si l'on veut pouvoir devenir assez fort en perspective pour n'être embarrassé par rien, il sera indispensable d'apprendre la géométrie ; cette science, comme on le sait, s'apprend avec des traités et l'on peut se passer d'un professeur en se procurant ces livres.

Quel que soit le degré d'aptitudes dont l'élève soit doué (il y en a qui ont une aversion profonde pour tout ce qui est rectiligne) il sera nécessaire qu'il apprenne la perspective dont il. faut connaître au moins les principaux éléments, parce qu'ils aident à comprendre rapidement la direction des lignes et que sans ces notions, on s'exposerait à des erreurs considérables. Pour en revenir aux tableaux d'intérieurs, nous dirons que l'on ne pourrait pas y réussir si l'on n'était pas très savant en perspective, car c'est une des plus grandes difficultés de ce genre de tableaux. C'est aussi une question technique sur laquelle on ne permet aucune faute à l'artiste. Un intérieur peut être mal peint, si la perspective est exacte, on excusera le peintre ; c'est d'ailleurs ce qui se voit souvent pour les raisons que nous avons données plus haut.

L'école Flamande et l'école Hollandaise semblent avoir été les premières à peindre le genre et les intérieurs. Avant Peter Neefs (1570-1638), qui a peint des intérieurs d'église, ainsi que son compatriote Henri Van Steenwyck qui peignit le même genre et mourut la même année en 1638, aucune école n'avait peint spécialement les intérieurs.

Beaucoup de peintres d'histoire avaient exécuté des morceaux accessoires, des colonnades, des coins d'architecture, des terrasses ou des arcades en perspective selon les besoins de leurs compositions, mais ces accessoires étaient subordonnés à l'ensemble et servaient seulement à expliquer la scène représentée. Les peintres de genre sont aussi devenus peu à peu des peintres d'intérieur en agrandissant le sujet de leurs compositions ; c'est ainsi que les scènes de la vie flamande de David Teniers (fils) (1610-1694), représentent des intérieurs et des scènes de buveurs. *Les Philosophes bachiques* montrent dans un intérieur flamand, des personnages vus à différents plans ; pour motiver leurs poses, l'artiste a dû composer un décor et établir des plans ; la scène principale est encore du domaine du tableau de genre, mais cela est déjà un peu plus ; c'est un intérieur avec des figures importantes.

Les Hollandais ne commencèrent à peindre les intérieurs que vers le commencement du XVIIe siècle, mais leur début a été tellement éclatant qu'ils n'ont jamais été surpassés. C'est Rembrandt Van Ryn qui, de 1606 à 1669, a peint ces merveilleux tableaux que le monde entier admire ; parmi l'œuvre si puissante et si variée du maître, il y a des intérieurs qui sont des chefs-d'œuvre de clair-obscur, des effets de soleil illuminant la pièce avec une intensité que l'on n'a pas égalé depuis, des rayons lumineux passant au travers des verrières etc., etc... L'école Hollandaise n'eut pas de rivale pour le nombre et la valeur de ses peintres de genre et d'intérieurs. Aussi peut-on citer nombre de peintres contemporains de Rembrandt, qui furent des artistes d'un très grand talent dans le petit genre des scènes rustiques. Nous nommerons d'abord Adrien Van Ostade et Gérard Dow, dont les scènes familières sont souvent des œuvres de premier ordre. *La femme hydropique* de Gérard Dow est un tableau qui réunit toutes les qualités de composition et d'exécution : figures et intérieur, tout y est rendu d'une façon inimitable.

Puis vinrent des artistes comme Gabriel Metsu qui vécut de 1615 à 1669 et qui a laissé des petits chefs-d'œuvre en peignant des intérieurs et des tableaux, dits de conversations. Enfin, pour n'en citer que quelques-uns, nous dirons que c'est pendant ce XVIIe siècle que vécurent en Hollande tous ces artistes si extraordinaires : Zorg (Henri Rokes, dit), François Miéris (le vieux), Pierre de Hooch ou de Hooghe, Jean Steen, Jean Le Ducq, Pierre Van Slingelandt, etc.

Les autres écoles semblent s'être désintéressées de ces petits tableaux et ce n'est que vers le XVIIIe siècle que la France eut des peintres d'intérieurs avec Chardin et Granet. L'école Anglaise n'a guère compté dans les deux siècles précédents que Guillaume Hogarth et David Wilkie, comme peintres de genre et d'intérieurs.

Pourquoi la France qui compte tant de grands artistes dans tous les genres de peinture, est-elle restée en arrière quant au nombre de ses peintres de genre et d'intérieurs ? C'est ce qu'on ne saurait préciser ; peut-être le tempérament français n'est-il pas assez calme pour se plaire à ces petits travaux qui demandent en plus des grandes qualités d'art, une patience et un soin méticuleux. Les Hollandais et les Flamands qui sont plus calmes, plus froids, plus placides et plus patients, étaient tout naturellement entraînés vers ce genre d'art qui demande avant tout l'exactitude : ce qui prouverait que cette tendance est due au climat du Nord, c'est que les autres écoles ont admiré leurs confrères sans être tentées de les imiter. Notre génie national est plus à l'aise pour se manifester dans la peinture d'histoire, la peinture murale et décorative, les batailles, etc. ; mais où elle a excellé depuis Nicolas Poussin, jusqu'à nos jours, c'est dans la peinture des paysages. Chaque nation a son tempérament propre, ses aptitudes et ses goûts particuliers ; si nous avons eu peu de peintres de genre et d'intérieurs, nous avons été assez favorisés pour ne pas envier la gloire de nos voisins.

Un des plus grands inconvénients de la peinture des intérieurs, c'est le manque de recul pour pouvoir les dessiner. Il arrive souvent qu'on est tenté de peindre une forge, une chaumière, une étable ou un intérieur d'église de campagne qui semblent très pittoresques ou qui s'éclairent d'une manière imprévue ; mais quand on s'installe pour dessiner, on n'a pas le recul nécessaire pour voir les objets en entier, ceux des premiers plans prennent une telle importance que la mise en place devient impossible. Il n'y a rien à faire à cela, on ne peut que fermer sa boîte à couleurs et s'en aller, car à moins d'avoir une très grande habitude de peindre et d'être aussi très savant en perspective afin de pouvoir changer les points de fuite et de distance, on ne peut rien faire.

Lorsqu'on se dispose à dessiner un intérieur, il faut avant tout s'assurer qu'on est placé assez loin des objets de premier plan pour les voir dans leur ensemble, car lorsqu'on est placé trop près, non seulement on s'expose à des erreurs de proportions, mais on voit les objets dans une perspective montante qui n'est pas agréable. Il faudra donc, pour éviter cela, se placer autant que possible à une distance deux fois et demi ou trois fois, égale à la hauteur de l'objet qu'on voudra dessiner sur le premier plan. Les études de perspective qu'on aura faites préalablement, auront démontré l'importance des opérations nécessaires pour avoir un dessin irréprochable avant de peindre ; tant qu'on ne sera pas entièrement satisfait du dessin il faudra le recommencer afin de n'avoir plus aucune préoccupation en peignant. Le meilleur moyen à employer serait de faire le dessin sur une feuille de papier en se servant du crayon mine de plomb, de la plume et de l'encre de Chine ; puis le dessin serait calqué et décalqué sur la toile où il serait passé à l'encre au moyen de la plume et de la règle, pour que les lignes en soient bien arrêtées et bien construites. La mise à l'effet devra se faire au moyen de glacis afin que l'ébauche, surtout dans les parties foncées, laisse toujours voir le trait d'encre qui servira de guide pour le dessin dans l'exécution définitive. Une question qui prime toutes les autres dans ce genre de tableaux, c'est celle de la lumière.

La plupart des intérieurs ne sont intéressants que par l'effet, et bien souvent un simple coup de soleil qui entre par une petite ouverture, donne l'envie de peindre, avant même qu'on ne se soit rendu compte de ce qui meuble cet intérieur ; on s'aperçoit ensuite qu'il n'y a rien que

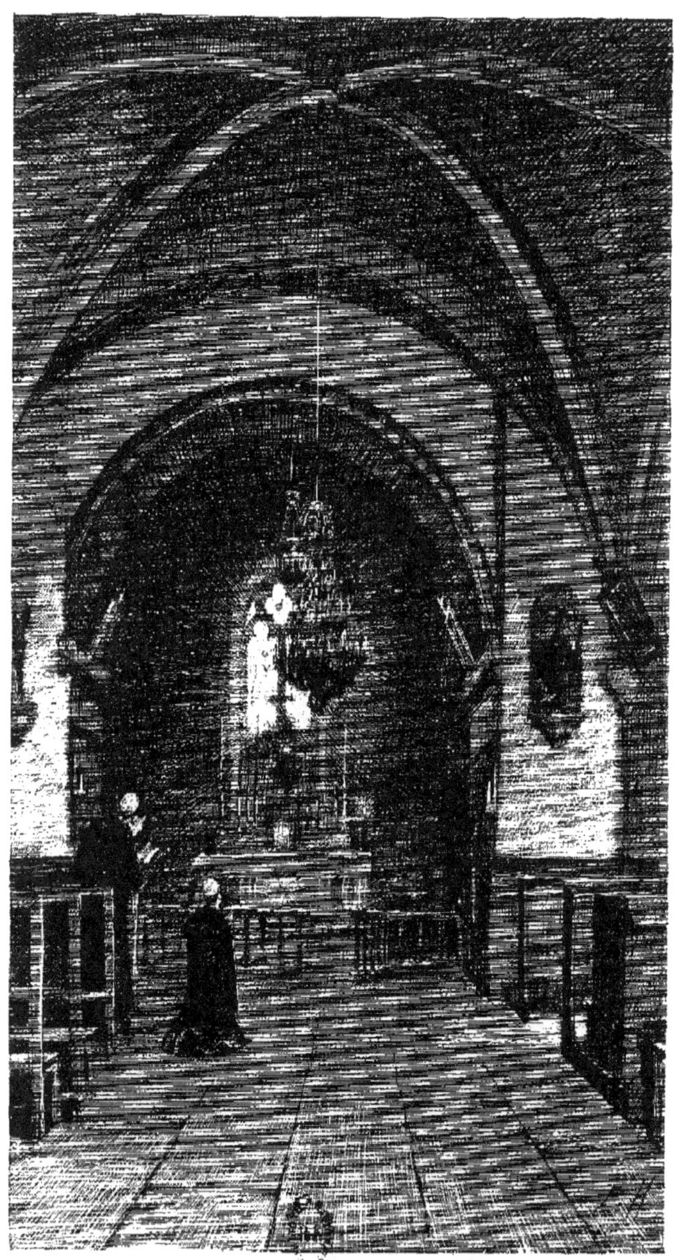

Intérieur d'église, à Fresselines (Creuse).

des caisses, des planches ou quelques objets informes et de rebut qui ne seront intéressants que par l'effet, si on sait le rendre avec justesse. Quoiqu'il suffise d'un effet saisissant pour suggérer l'envie de peindre un intérieur, il est encore une autre question importante, c'est celle de la nécessité d'un second jour pour éclairer le peintre dans son travail. Sans ce second jour, il est très difficile de peindre, puisqu'on est obligé de placer la toile sur laquelle on travaille, de manière à pouvoir regarder la nature sans tourner la tête et que la toile ainsi placée se présente à contre-jour.

Le dessin page 69, montre un peintre placé dans ces conditions défectueuses et explique comment, au moyen de grandes toiles blanches placées à côté et derrière lui, il peut se procurer les reflets qui lui fournissent une lumière suffisante. A défaut de ces toiles, on peut pendre au plafond des draps tombant verticalement autour de soi. Si on peut se procurer du papier jaune clair ou une étoffe jaune très claire, le reflet sera plus puissant, car on sait que le blanc reflète moins que le jaune.

Avec un peu d'habitude, on tire parti de toutes les situations ; on peut d'ailleurs sortir la toile à l'extérieur de temps en temps afin de se rendre mieux compte de ce qu'on fait et modifier ensuite la gamme dans laquelle on travaille, si cela paraît nécessaire.

Les premières études devront être choisies, de préférence, aussi simples que possible ; il sera bon de se préoccuper avant tout de l'effet général pour apprendre à peindre la lumière et le clair-obscur ; à cet effet, les intérieurs de chaumières, d'écuries et de caves seront des modèles excellents, en raison de la simplicité du dessin.

On augmentera peu à peu le genre et le nombre des difficultés en peignant des intérieurs plus compliqués de dessin, tel que celui que montre notre hors-texte page 69. Ce dessin représente l'intérieur d'un café à Villerville : la cuisine est au fond et on y aperçoit un groupe de gens prenant leur repas ; le dessin en est facile, mais il demande beaucoup d'attention pour la mise en place ; on voit combien il est indispensable d'avoir peint des natures mortes pour exécuter chaque objet d'une manière suffisante.

Les intérieurs de monuments et les églises principalement, offrent des effets de lumière qui sont d'une puissance surprenante, à cause des vitraux qui les colorent ; l'ombre mystérieuse et troublante des lieux saints ajoute un charme de plus qui décide le peintre à reproduire les belles lignes architecturales des styles gothique ou roman, attestant l'époque de leur construction. Dans les plus humbles villages, l'église ancienne ou moderne offre toujours un intérêt très grand à l'artiste qui la visite, et souvent même des objets confectionnés par des ouvriers pieux, et n'ayant d'autre intérêt d'art que leur naïveté, sont pour le peintre des morceaux très précieux à étudier, selon que la lumière

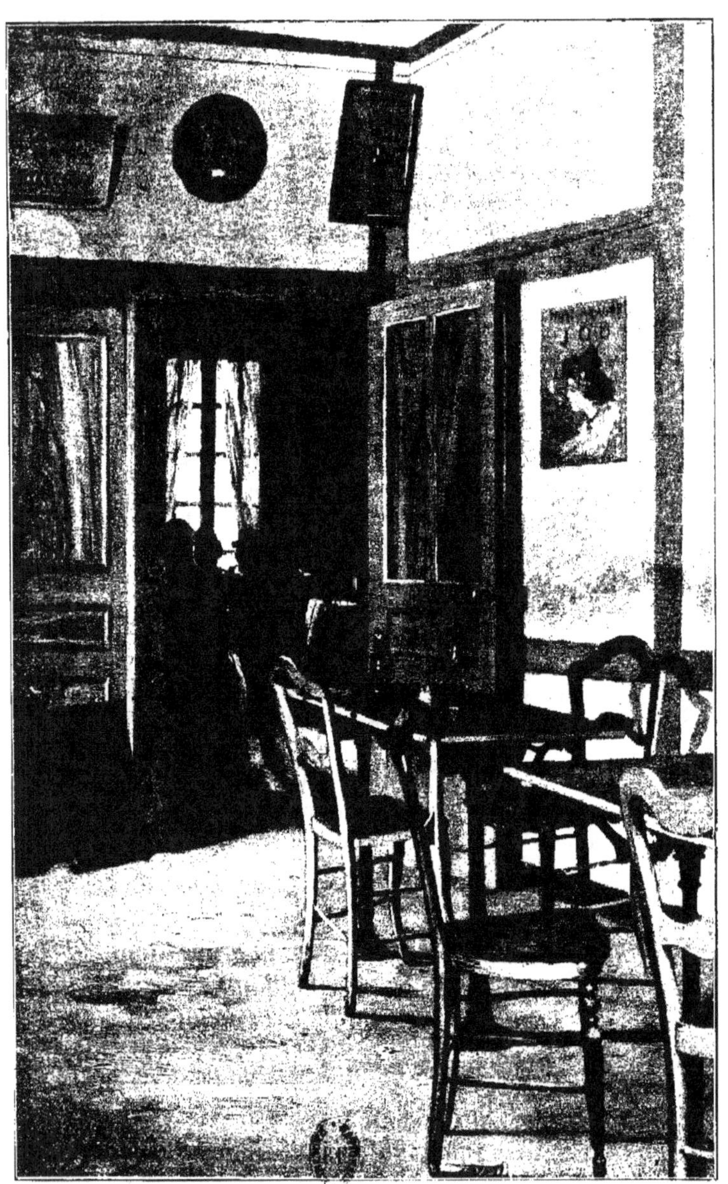

INTÉRIEUR D'UN CAFÉ A VILLERVILLE (CALVADOS)

des vitraux y accroche des colorations flamboyantes, des rouges intenses,
des verts tendres, des bleus célestes qui font rêver à l'au-delà des

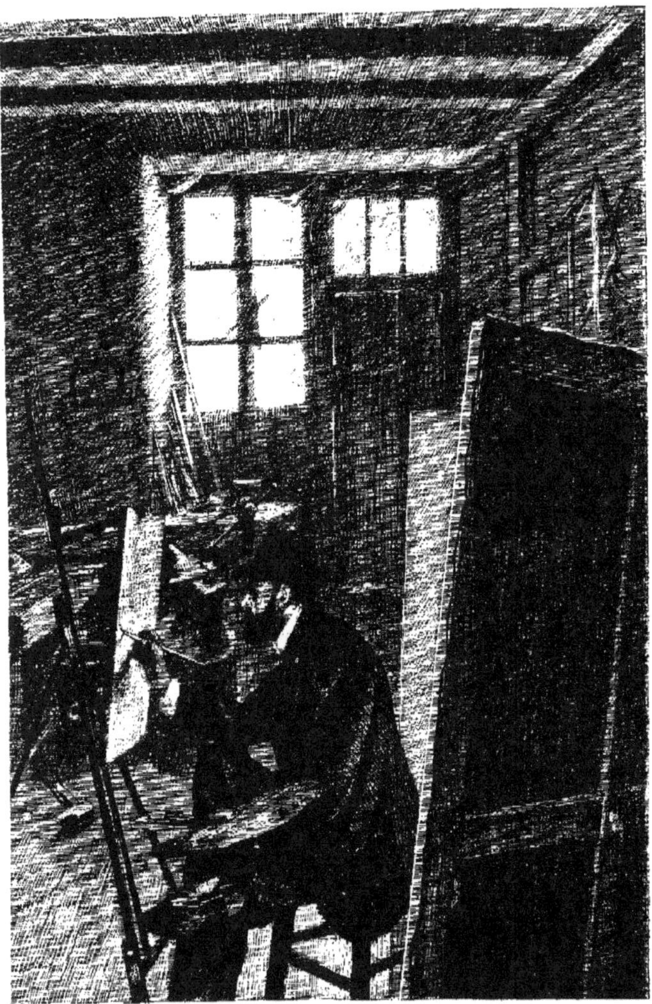

Toiles de premier plan disposées de façon à servir de réflecteurs
pour éclairer le peintre.

cieux, ou des jaunes d'or qui symbolisent l'abondance des moissons. Il
suffit d'un coin d'autel moins éclairé pour donner l'idée des scènes à y
ajouter pour en faire des tableaux. Telle est la puissance évocatrice des

plus simples objets pour qui sait y voir autre chose que la matière ; telle est aussi l'importance de l'effet sur tout ce qui nous entoure. La lumière est la source de vie ; son degré plus ou moins grand attriste ou réjouit les hommes, les inspire et les réconforte ; si son absence les désole, le soleil les console et leur dit espère.

Dans un intérieur d'église, ce qui est particulièrement difficile, c'est la coupe du tableau. Il est peu aisé de déterminer le morceau qu'on doit peindre parce que l'intérêt se divise ; on voudrait tout mettre et on s'aperçoit, souvent trop tard, que l'effet se disperse en attirant l'attention dans plusieurs endroits ; c'est pourquoi il faut bien raisonner avant de commencer. Lorsqu'on aura le désir de peindre un tableau représentant un intérieur d'église, que la partie principale à montrer sera bien déterminée comme arrangement de lignes et suffisamment raisonnée quant à la disposition des ombres et des lumières, il faudra procéder à un dessin très attentif, en faisant les opérations de perspective nécessaires pour que tout y soit établi d'une manière définitive. Quand ces premières dispositions seront prises, il faudra établir l'échelle de proportions des figures et dessiner celles qu'on a l'intention de mettre dans le tableau en les faisant poser à la place même, si cela est possible, pour les dessiner et les peindre. Pour des petites figures accessoires, ce soin est indispensable, car si les figures n'offrent aucun intérêt de détail en elles-mêmes, si elles ne sont nécessaires que pour donner par leur proportion l'idée de la hauteur des voûtes, il faut que leur valeur soit très observée, pour que la perspective aérienne se produise : en les peignant de chic, on s'exposerait à ne pas les exécuter d'une façon suffisante.

Lorsque le dessin est irréprochable, on ébauche l'ensemble comme il a été dit plus haut en employant des glacis qui tout en permettant d'obtenir l'effet par les valeurs, laissent transparaître les lignes du dessin. Si on emploie une toile apprêtée en blanc il faudra glacer sur le ton de l'apprêt, les colorations du vitrail, c'est par ces lumières si vivement colorées qu'il faudra commencer l'ébauche. Elles feront voir mieux qu'une autre description, combien la lumière est colorée partout où on l'observe et prouveront d'une manière très convaincante, que le blanc n'est pas lumineux quand on l'emploie pur. Dans ces sortes d'effet, on emploie fréquemment des tons purs : vermillon, jaune de chrome ou cadmium, etc. On est même obligé quelquefois de glacer des laques de gaude ou de garance, pour obtenir la puissance des vitraux ; or, si on compare sur la palette, le vermillon pur, au blanc pur, il n'est pas douteux que le vermillon ne soit beaucoup plus foncé de valeur que le blanc, cependant quand le vermillon pur est entouré des valeurs nécessaires à son éclat lumineux, il est indéniable qu'il montre beaucoup plus de lumière que le blanc.

Pour gagner du temps et faciliter la recherche des valeurs, il est préférable d'employer une toile apprêtée d'un ton un peu foncé et se rapprochant de la coloration générale, c'est-à-dire, que si le motif adopté comporte beaucoup plus de boiseries que de murailles, il sera préférable d'apprêter la toile d'un ton de vieux bois, tel que le donnerait la terre

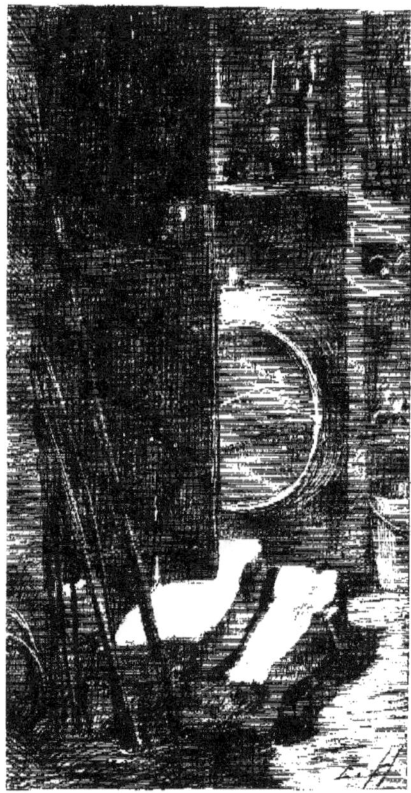

Intérieur de cave.

d'ombre brûlée dans laquelle on ajouterait un peu de blanc et de noir. Si tout au contraire, la partie la plus importante est composée de piliers et de voussures en pierre ou en plâtre, on gagnera beaucoup de temps, en préparant la toile d'un gris foncé avec un ton composé de blanc, de noir et d'ocre jaune. Cet apprêt doit se faire avec les couleurs telles qu'elles sortent des tubes ; pour les étendre sur la toile sans laisser d'épaisseurs, ni de rayures placées mal à propos, il faudra détremper le ton, au moyen d'un peu d'essence de térébenthine dans laquelle on aura soin d'ajouter quelques gouttes de siccatif de harlem. Il ne faut pas employer d'huile pour cette préparation et on doit mettre peu de couleur pour qu'elle sèche rapidement, une huitaine de jours néanmoins sera nécessaire pour le séchage, alors la plume pourra tracer les traits d'encre sans creuser des sillons dans l'apprêt. Nous n'ajouterons rien de plus quant aux procédés d'exécution donnés précédemment ; nous finirons ce chapitre par une remarque empruntée encore à l'*Histoire des peintres*, de Ch. Blanc.

« La grande difficulté dans les tableaux d'architecture, ce n'est pas tant la perspective linéaire que la perspective aérienne. Il faut dégrader insensiblement les couleurs, faire sentir les plans par la touche même, donner du vague aux derniers murs en raison de la distance plus ou moins grande qui les sépare du spectateur. En d'autres termes, il ne suffit pas de mettre chaque pilier à sa place, il faut encore le mettre à son plan : cette colonnade pourrait avoir les dimensions voulues par la géométrie descriptive et satisfaire parfaitement l'œil d'un architecte, sans être pour cela satisfaisante au point de vue de l'art. Autant il faut de précision dans les intervalles, d'exactitude dans les mesures, autant il est bon de laisser du vague aux objets lointains, d'adoucir les contours, de n'indiquer les lumières que par une touche moelleuse et fondue, en réservant pour les corps les plus rapprochés la fermeté du pinceau et quelques vives épaisseurs aux endroits que vient frapper le rayon. »

La peinture militaire. Les batailles. — Les tableaux de batailles proprement dits, se peignent rarement. Ils ne sont le plus souvent que des commandes faites aux peintres militaires par les souverains ou par l'État, pour perpétuer le souvenir des grandes victoires nationales. Il est vrai que les batailles modernes n'offrent aucun intérêt ; prises dans leur ensemble, elles ne montrent qu'un paysage de plaines où se meuvent des masses noires dont les unités aux prises avec l'ennemi sont dissimulées par des nuages de fumée. Le tableau peut être fort intéressant pour les stratégistes si les positions de combat sont conformes au plan historique, mais au point de vue artistique, le tableau de bataille se résume à l'anecdote et hors de là, il n'y a que du remplissage. Les batailles peintes par Antoine-Jean Gros, malgré leur valeur artistique n'échappent pas à cette nécessité. La *Bataille des Pyramides* n'est qu'une anecdote. La *Bataille d'Eylau* n'est pas autre chose et les bataillons qu'on aperçoit rangés dans leur ordre de combat ne donnent que l'impression de manœuvres dans la plaine qu'ils sillonnent. Cependant le baron Gros a su mieux évoquer l'idée des grandes batailles qu'Horace Vernet dont l'extrême facilité à composer et peindre est indiscutable.

Pourquoi le tableau de bataille reste-t-il confiné dans l'anecdote ? et ne s'élance-t-il pas vers des épisodes tragiques où la mêlée est au paroxysme, où les cris de fureur et le désespoir des vaincus se mêlent aux clameurs enthousiastes des vainqueurs? Pourquoi les artistes modernes n'osent-ils pas peindre des tableaux où l'on s'extermine par tous les moyens, même les plus barbares? C'est peut-être parce que nos peintres n'ont pas assisté à ces combats et qu'ils ne sauraient les peindre avec toute la chaleur d'action nécessaire en ne composant leurs tableaux que d'après des récits ; cela tient peut-être aussi à une certaine convention tacite, qui ne permet pas de représenter les scènes horribles de la vraie bataille et que, tout en peignant la guerre, l'homme de bonne éducation perce toujours chez l'artiste. Quelles qu'en soient les raisons évoquées, les peintres militaires s'en tiennent à l'anecdote et dans cette formule, on peut dire que de tous temps, nous avons eu en France d'habiles peintres, depuis Courtois dit le Bourguignon qui vécut de 1621 à 1676 jusqu'à cet artiste si émouvant que fut Alphonse de Neuville, le peintre des *Dernières Cartouches, du Bourget*, et de cent autres tableaux, aussi célèbres, et qui mourût en 1889 à l'âge de cinquante-deux ans.

Bien que la peinture militaire ne soit pas un genre dédaigné des artistes et que nous possédions actuellement en France de nombreux peintres qui ont fait leurs preuves en ce genre en exposant annuellement des œuvres auxquelles le public et les amateurs témoignent leur sympathie, la peinture des scènes militaires, tente moins les artistes que les autres actions humaines. Cela tient sans doute à ce que la science à acquérir pour réussir en ce genre, embrasse beaucoup de variétés. Il faut que le peintre militaire sache exécuter librement, la figure, le paysage, les animaux, l'architecture, etc., en un mot tous les genres ; qu'il possède de plus des connaissances approfondies sur la vie et le métier militaires. Il faut qu'il ait à sa disposition, un arsenal où figurent les armes de toutes les époques et les costumes les plus anciens jusqu'aux plus modernes en passant par toutes les modifications, changements et perfectionnements opérés ; qu'il sache au besoin, pour ne pas s'exposer à des anachronismes, combien la tunique d'un dragon comportait de boutons sous Louis XVI, à quelle époque cette tunique a été modifiée, etc. Le peintre militaire doit connaître toutes ces choses en plus de ce qu'il doit savoir comme peintre. Il n'est donc pas étonnant qu'il y ait relativement peu d'artistes tentés de se vouer à ce genre.

Nous avons eu la curiosité de demander à Édouard Detaille le maître actuel et sans conteste de la peinture militaire, ce qu'il conseillait d'apprendre aux jeunes peintres qui veulent se vouer à ce genre ; voici la spirituelle réponse que le maître nous a faite : « En fait de classification de peinture, je ne connais que la bonne et la mauvaise peinture ; mais je conviens cependant que la peinture militaire exige plus spécialement des connaissances dans tous les genres ; il faut être tour à tour, paysagiste, peintre de portraits, animalier, etc., etc., et par-dessus tout, il faut avoir « un bonnet à poil dans le cœur », comme dit François Coppée.

« Que les jeunes gens qui entrent dans la carrière, s'assurent bien s'ils ont au cœur cet ingrédient que je considère comme absolument indispensable. »   « Édouard DETAILLE. »

Le peintre militaire doit avant tout être un peintre de figures puisque les scènes qu'il sera appelé à représenter, peuvent comporter des portraits historiques et que la partie la plus importante de son art, est la notation du mouvement et des actions humaines. On devra donc avant

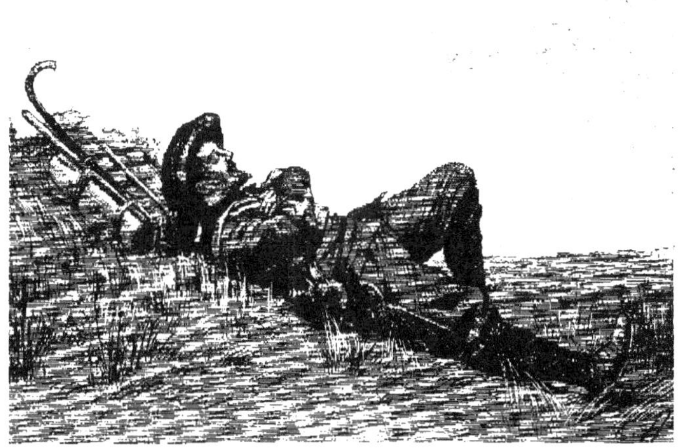

Chasseur alpin au repos.

toutes autres études commencer par apprendre à peindre la figure. Pour tout ce qu'il s'agit d'acquérir en plus, l'artiste en sentira lui-même l'obligation.

Les moyens d'apprendre à peindre chaque genre ont été à peu près enseignés dans le cours de cet ouvrage, nous ne voulons ajouter ici que quelques conseils pratiques insignifiants. Ce qu'il convient de connaître avant tout, c'est la vie intime des soldats et officiers. À notre époque, chacun est, ou a été plus ou moins soldat, et connaît quelque peu la vie militaire, mais l'artiste qui voudra s'adonner à ce genre, devra posséder une connaissance supérieure en ces matières.

Ce qui charme surtout le public et les artistes, c'est le côté pittoresque du soldat en campagne, c'est son costume déformé par l'usage, usé et rapiécé, tel en un mot, qu'on le voit quand il fait campagne. C'est ce que A. de Neuville avait si bien compris, notamment lorsqu'il a peint aux avant-postes les gardes mobiles si pittoresquement habillés.

Nous ne parlerons pas de la peinture d'histoire, estimant que pour peindre un tel genre, il est indispensable d'avoir une instruction et une éducation artistiques que l'on ne saurait acquérir seul. Les études spéciales que comporte le genre historique ne peuvent se faire que dans les académies de peinture ou à l'École des Beaux-Arts. Nous avons dit ailleurs quelle filière il était indispensable de suivre pour devenir un peintre d'histoire, nous n'y reviendrons pas. On conçoit que pour peindre un fait historique important, cette pensée ne puisse venir qu'à un artiste maître de ses moyens et que ce n'est pas nos conseils qui pourraient lui être utiles. *Le radeau de la Méduse*, peint par Géricault, ne peut être que la conception d'un artiste en pleine possession de la science du peintre; pour imaginer une scène aussi impressionnante, il n'y a aucun conseil à donner, il faut sentir, inventer et concevoir ; pour y parvenir, il faut le don et la science que donnent les fortes études.

Quelques mots sur la peinture décorative. — La peinture murale est le plus élevé de tous les genres de la peinture ; pour entreprendre une grande décoration, il est nécessaire d'avoir fait les études du peintre d'histoire, puisque la peinture décorative n'est généralement que la reproduction de faits historiques ou mythologiques, etc. Les procédés d'exécution ne sont pas tout à fait les mêmes, voilà tout, et encore, ils diffèrent si peu, que ce n'est pas la peine de s'en préoccuper; nous voulons parler seulement des procédés matériels, bien entendu, puisque le genre décoratif demande tout au contraire, une exécution, ou une formule d'art très différente. Mais le procédé matériel, disons-nous, peut être presque semblable à celui que l'on emploie pour les tableaux ordinaires ; il suffit d'obtenir une peinture mate pour qu'elle soit dans la première condition exigée. C'est l'unique préoccupation qui se remarque le plus souvent dans les conceptions décoratives.

La peinture murale n'est pas forcément décorative cependant, parce qu'elle est de grande dimension et qu'elle est d'une matité incontestable ; on ne s'improvise pas peintre décorateur parce que l'on a beaucoup de talent, comme peintre d'histoire, les preuves du contraire fourmillent et pour ne parler que d'une seule manifestation, il n'y a qu'à visiter le Panthéon où les peintures murales ont été confiées à de grands artistes, à des talents très réels, incontestés même. De cette visite on rapporte la conviction que l'art du décorateur est bien spécial et que sans une disposition naturelle on ne peut y parvenir. Que reste-t-il dans la mémoire, quand on a visité le Panthéon? les merveilleux panneaux du maître Puvis de Chavannes.

Cependant les autres panneaux sont d'un mérite incontestable, on ne peut discuter la valeur des auteurs? Que manque-t-il donc pour qu'ils soient parfaits? Qu'on leur mette un cadre et qu'on les expose dans un musée, ce sont des tableaux superbes.

Puvis de Chavannes est le plus grand artiste décorateur de ce siècle, parce qu'il a su donner à sa peinture, une qualité et une forme nouvelles qu'on ne retrouvera peut-être plus, c'est l'immatérialité. Devant ses œuvres, on se sent envahi d'une sensation indéfinissable de bien-être et de paix, qui font rêver à d'autres mondes promis aux hommes et auxquels, par une grâce divine, Puvis de Chavannes fut initié.

Pourquoi certains artistes sont-ils doués du pouvoir de communiquer ainsi l'émotion ? leurs moyens ne sont cependant pas différents de ceux des autres maîtres ? nous entendons par *moyens*, les procédés, le métier ; — ce métier est le même, il est plus simple, voilà tout ce qui le distingue.

Lorsqu'on veut faire une peinture décorative, la première chose à laquelle il faut penser, étant donnée la connaissance du sujet, c'est à la composition générale, à l'ordonnance des lignes. Quand l'esquisse est dessinée, il faut la peindre pour chercher l'effet et la gamme dans laquelle on exécutera le panneau décoratif ; cette gamme peut et doit varier selon la place à laquelle le panneau est destiné, aussi est-il nécessaire d'en connaître l'emplacement pour s'assurer de la coloration générale qui entourera le panneau.

Cette coloration varie à l'infini ; au Panthéon, par exemple, c'est le ton de la pierre qui entoure les panneaux décoratifs. La décoration de Puvis de Chavannes a été raisonnée, bien certainement, pour s'accorder avec la pierre et l'effet est superbe d'harmonie ; si l'on changeait le ton de la pierre, en le couvrant d'un ton foncé quelconque, toute cette belle harmonie serait perdue. Ce qui prouve donc que telle décoration qui fait bien dans la pierre, ne fait plus bien dans le bois ou dans une peinture quelconque ; c'est ce qui implique la nécessité pour le peintre décorateur de connaître les tons qui entoureront son œuvre afin de chercher dans sa peinture, une coloration générale qui s'accorde avec eux. Il est un moyen très utile à employer pour faciliter les recherches, c'est de construire un encadrement assez semblable à la partie monumentale à laquelle le panneau est destiné, et de le peindre dans le ton exact, bois, pierre, peinture, etc. Cet encadrement se fait facilement avec quelques planches, au besoin même, on prend une toile de grande dimension, sur laquelle on peint l'aspect de la partie monumentale à décorer et on se rend compte de la tonalité de l'esquisse dans l'architecture qui lui sert de cadre.

La peinture décorative qui est faite pour être vue de loin, doit être très sobre d'exécution ; les lignes du dessin doivent être résumées à la plus simple expression, au trait qui sertit chaque chose, pour que la forme en soit bien écrite, voilà pour le trait extérieur. Dans l'intérieur d'un trait, tout ce qui est détail doit être enlevé pour se résumer au grand trait caractéristique. Est-ce une draperie ? il faut s'en tenir à l'indispensable, au trait qui fait comprendre la forme d'un bras ou d'une jambe, tous les autres détails des plis doivent être oubliés par le peintre. L'exécution doit elle-même se résumer à des valeurs justes et à un modelé très sobre. Pour bien se rendre compte de ce qu'il faut obtenir, voici ce qu'on doit faire. Pour transformer en gris tous les tons que la nature nous montre colorés et détaillés ; il faut n'en retenir que la valeur sans en chercher le ton (peut-être vaudrait-il mieux pour commencer ces études, les peindre seulement en grisaille et les colorer ensuite par un glacis lorsqu'elles seraient sèches). Pour obtenir un modelé simple, il faut cligner des yeux fortement de façon à ne plus voir de demi-teintes, et n'observer que les grands noirs ; les grands clairs seront plus importants. Comme les ombres paraîtront dures, parce qu'elles ne seront pas amenées doucement (les demi-teintes étant supprimées) il suffira d'amoindrir les noirs en baissant les valeurs, cela donnera un ensemble gris et simple qui est décoratif. Si les valeurs sont justes, c'est-à-dire si les noirs et les clairs dominants sont bien observés, on obtiendra, malgré la douceur de l'ensemble, un effet très puissant. Ceci est d'ailleurs l'enseignement théorique professé par M. Renard-Brault à la Manufacture Nationale de Sèvres et l'on sait que la haute compétence de cet artiste est fort appréciée en France et à l'étranger.

Que dire de plus maintenant ? quel conseil donner aux jeunes artistes qui voudraient devenir des décorateurs ? rien, sinon que les études doivent commencer par une instruction très forte (on sait que Puvis de Chavannes était polytechnicien), avant d'étudier la peinture, il faut être un lettré.

« La France est le pays où réussissent le mieux les artistes lettrés, parce que l'immense majorité du public, n'ayant pas un goût bien prononcé pour la peinture, aime à retrouver dans un tableau, cette teinte d'érudition qui fait ressembler les ouvrages de l'art aux ouvrages de l'esprit ». (Ch. Blanc. *Histoire des peintres.*)

On conçoit aisément, que si on peut plaire à l'immense majorité par une érudition très forte, et qu'on plaise aux artistes par la conception et l'exécution appropriée au sujet, le succès ne se fera pas attendre.

Travaillez, jeunes artistes qui aspirez à suivre la trace des grands maîtres, instruisez-vous ; et comme le dit Puvis de Chavannes dans la lettre publiée en tête de cette partie, votre instinct vous fera découvrir ensuite les règles essentielles de votre art, vous les subordonnerez à votre tempérament, vous les créerez s'il est besoin et si vous avez le don. Si vous êtes doué de cette grâce divine sans laquelle on ne peut rien produire de grand et de beau, votre succès est certain ; si, comme beaucoup d'autres, vous ne possédez pas le don divin, votre science acquise vous donnera la satisfaction du devoir accompli et vous méritera l'estime des artistes et des érudits.

CONCLUSION

Nous n'avons pas la prétention d'avoir tout dit sur ce qui concerne les procédés employés en peinture, mais nous sommes convaincu que ce que nous avons conseillé sera profitable. Si ces conseils sont suivis attentivement ils conduiront l'élève dans une voie qu'aucun artiste ne désavouera, puisque c'est la transmission des traditions que l'on a toujours enseignées.

Les moyens que nous avons donnés serviront à indiquer la route au jeune explorateur, qui ainsi armé pour la conquête de l'art, pourra, selon les hasards des rencontres user de son initiative, quand nos conseils ne lui sembleront pas suffisants. Sa maladresse même lui servira à découvrir des choses que nous n'avons pas dites; il inventera des moyens personnels et trouvera enfin l'originalité que chacun porte en soi et que le travail développe.

En fermant ce livre, le lecteur se dira sans doute, quel est donc cet auteur qui sait tout faire et donne ainsi des conseils sur toutes choses? Que fait-il donc lui-même? Pour lui éviter encore des recherches et peut-être des déceptions nous lui dirons : Restez-en là, ami lecteur, et pensez à la fable des bâtons flottants du grand La Fontaine, dont la moralité vous épargnera une constatation désobligeante. Croyez plutôt ce vieil adage : *Faites ce que je vous dis ne faites pas ce que je fais*. L'expérience de trente-cinq années de travail, nous a mis à même d'observer beaucoup de choses et de savoir ce qu'il serait nécessaire de conseiller à ceux qui désirent apprendre. Nous savons ce qu'il faut faire pour peindre un bon tableau, mais nous n'en avons point fait; pourquoi?... Si le résultat de nos recherches évite des tâtonnements et des pertes de temps inutiles, nous aurons la satisfaction d'avoir apporté notre humble tribut à l'autel de l'art, en aidant nos lecteurs plus jeunes et mieux doués à pousser plus loin leurs recherches, en les rapprochant du but sacré qui est la perfection.

TABLE DES PLANCHES HORS TEXTE

TABLE DES MATIÈRES

ÉVREUX, IMPRIMERIE DE CHARLES HÉRISSEY

DICTIONNAIRE

DES TERMES EMPLOYÉS EN PEINTURE

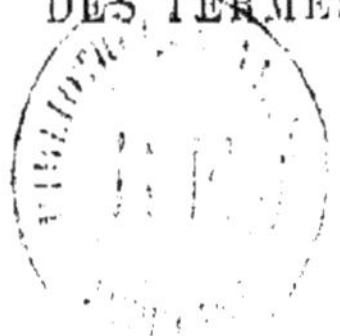

A

AMASSETTE. — Couteau pour amasser les couleurs sur la palette ; amasser un ton ; le ranger à une place de la palette.

AMUSANT. — Qui amuse l'œil, qui plaît, qui est pittoresque. On dit : Telle partie est amusante, pour dire qu'elle est exécutée avec brio et adresse. Quand une composition est bien entendue, que les lignes en sont agréables, on dit : C'est amusant de lignes. Amusant veut dire gentil, aimable, pittoresque

APAISÉ. — Un ton apaisé est un ton que l'on éteint au moyen d'un glacis ou d'un frottis, foncé et sourd tel que du noir ou du brun. Apaiser un ton, apaiser une valeur.

ARRANGEMENT. — On nomme ainsi la composition d'un tableau. On dit : l'arrangement des lignes. Un tableau qui s'arrange bien est celui dont les lignes de la composition sont heureuses ; c'est le contraire pour celui qui est mal composé ; il s'arrange mal.

ASPECT. — « Un tableau qui a de l'aspect. » « C'est bien d'aspect. » Un bon aspect est la première qualité d'un tableau et dans les expositions cette qualité est la plus importante, puisque c'est grâce à elle que le tableau attire les visiteurs. L'aspect d'un tableau ne peut être bon que si les lignes en sont bien construites et si, par leur justesse, les valeurs concourent à un effet harmonieux ; enfin si les taches de couleurs sont bien équilibrées, on dit que le tableau est d'un bon aspect.

B

BAISSÉ. — Un ton baissé ; baisser un ton ; le rendre moins coloré et plus foncé.

BIEN VENU. — Se dit d'une partie ou d'un ensemble exécutés facilement.

BLAIREAUTAGE. — Partie qui a été blaireautée ; on dit : « C'est du blaireautage ! »

BLAIREAUTER. — Adoucir et fondre au moyen du blaireau

BLEUIR. — Une partie qui bleuit, un tableau bleui par le chanci, sorte de voile bleu qui se forme sur le vernis d'un tableau et que l'on enlève en frottant avec un morceau de soie usée.

BORDURE. — Cadre d'un tableau ; on dit un cadre ou une bordure ; un tableau bordé est un tableau encadré.

BOUCHÉ. — Un ton bouché est celui que

l'on peint uniforme comme le peintre en bâtiment qui étale une couche sur une porte.

BRILLANT. — Le ton le plus clair d'un objet, le brillant du verre, le brillant du métal, etc.

C

CALÉ. — Se dit d'un dessin bien charpenté : d'une figure qui porte bien. On dit : Un dessin bien calé.

CALER. — Caler une figure ; savoir caler une figure, celui qui sait en disposer les lignes générales sans fautes de dessin.

CASSÉ. — Une figure cassée est celle dont les lignes ne sont pas dans une courbe agréable ; une ligne cassée : une jambe est cassée quand les lignes ne sont pas gracieuses et bien construites.

CHANSI. — Sorte de voile bleu qui bleuit la peinture.

CHANTER. — Un ton ou une note qui chante ; faire chanter un ton, c'est l'accentuer, le rendre plus visible.

CHARGER. — Charger la palette ou faire la palette, terme employé pour définir l'action de placer les couleurs dans l'ordre voulu.

CHAUD. — Chaud de ton, un ton chaud, un jour chaud, une lumière chaude. On entend par ton chaud, une couleur se rapprochant du rouge ou du jaune, et par ton froid une couleur se rapprochant du vert et du bleu. La lumière froide de la lune. Un ton vert peut être chaud s'il se rapproche du jaune ou du rouge : il est froid s'il se rapproche du bleu.

CHIC. — Le chic : on entend par ce mot, tout ce qui ne semble pas être inspiré par la nature et qui montre l'invention. On dit : « peindre de chic » c'est un mot moderne ; on disait autrefois « peindre de pratique ». Le chic rend un tableau commun. Lorsque le peintre ne copie pas la nature ou qu'il ne s'inspire pas d'une étude faite devant la nature, on peut dire qu'il peint de chic ; le résultat est toujours déplorable.

CHOSES SUES. — Les choses sues sont les parties que l'on peint de mémoire ; elles sont très proches du chic ; il faut éviter de se laisser aller au chic des choses sues.

CLAIR. — Mettre un clair, poser un clair ; action de peindre une valeur très claire. On pose un clair pour modeler un objet. « Couleurs hautes qui représentent les parties les plus éclairées, les jours d'un tableau, d'une peinture. Les clairs sont bien entendus. Les clairs de ce tableau sont mal entendus. Il y a dans ce tableau des clairs admirables. » *Dictionnaire Bescherelle.*

CLAIR-OBSCUR. — Tous les dictionnaires donnent l'explication de ce terme ; il nous semble cependant que l'on pourrait dire : Le clair-obscur est la lumière des ombres. Savoir peindre le clair-obscur est l'art de montrer et de modeler les objets dans l'ombre sans que la valeur générale de l'ombre soit altérée. — Eclairé par clair-obscur, veut dire que la lumière ambiante éclaire l'ombre d'un reflet qui fait distinguer les objets contenus dans cette ombre. Dans une pièce très noire qui est éclairée par une seule et petite lumière, les ombres sont très noires et l'on ne distingue rien dedans ; si l'on emploie un réflecteur quelconque qui en recevant la lumière la renvoie dans les ombres, les objets qu'elle contient s'éclairent d'un reflet qui est un clair-obscur.

COLORATION. — Ce mot s'emploie pour désigner le degré de coloris d'un ton ou d'un ensemble ; on dit les belles colorations d'un tableau, une coloration chaude, une coloration verte, rouge, bleue, etc.

COLORÉ. — Un ton coloré ; un ensemble coloré ; colorer un ton : plus un ton se rapproche de la couleur pure plus il est coloré. Décolorer un ton, c'est y ajouter du blanc ou toute autre couleur qui neutralise sa coloration. Un ensemble coloré est un tableau où toutes les couleurs sont vives ; un tableau décoloré est celui dont l'aspect général est gris ou blanc. Un tableau peut être clair et coloré, mais les tableaux blancs sont décolorés.

COLORIS. — Tel peintre a un beau coloris, se dit d'un peintre coloriste.

COLORISTE. — Se dit d'un peintre qui recherche les effets de couleur. Delacroix et Diaz étaient des coloristes.

COUCHE. — Étaler une couche, donner une couche ; c'est peindre uniformément. On donne une couche maigre quand la peinture contient plus d'essence que d'huile. Une couche grasse est celle qui contient plus d'huile que d'essence.

COUCHER. — Action de donner une couche de peinture comme le fait le peintre en bâtiment. On dit : « coucher un ton » quand on peint d'un ton uni, une partie que l'on prépare pour être recouverte d'un autre ton, d'un glacis, etc.

COULEUR. — Couleur froide, couleur grise et terne, couleur agréable, etc. Joli de couleur, se dit d'un tableau aux tonalités fines, aux colorations vives ; vilain de couleur, dit le contraire. Un dessin dont les valeurs sont justes est joli de couleur quoiqu'il ne soit que d'un seul ton noir.

COUPE. — La coupe d'un tableau, un tableau bien ou mal coupé, d'une coupe originale. La coupe veut dire la manière dont le motif est pris. Le même motif d'un paysage (ou de tout autre tableau) peut se couper de manières différentes. En donnant beaucoup d'importance au ciel ou en ne lui en donnant aucune, on varie la coupe d'un tableau. Un tableau sans ciel, mais dont les nuages se montrent en se reflétant dans l'eau est d'une coupe originale.

CRAQUELÉ. — Une peinture qui se fendille dans le genre des vieilles faïences. En peignant maigre, c'est-à-dire en se servant de beaucoup d'essence comme liquide, si l'on point sur une peinture grasse, on obtient une peinture craquelée.

CREUX. — Un ton creux est un ton transparent. Quand les ombres sont trop reflétées, elles se creusent.

CRU. — Un ton cru ; cru de tons ; se dit lorsque le peintre s'est laissé aller à employer des couleurs telles qu'elles sortent des tubes ; un vermillon employé pur est un ton cru, etc.

CUIT. — Un ton cuit. se dit d'une coloration brune rendue indéfinissable par des retouches nombreuses ; le ton est noirci, brûlé, cuit.

D

DESSIN D'ENSEMBLE. — Le dessin d'ensemble est celui qui construit les masses d'un paysage ; le dessin d'ensemble d'une figure sert à la construction générale et à la division des parties. Savoir mettre d'ensemble se dit de celui qui sait bien proportionner une figure et la caler d'aplomb. Un modèle qui est bien d'ensemble, qui pose l'ensemble, veut dire que toutes les parties de son corps sont harmonieuses et bien proportionnées.

DUR. — On dit : des valeurs dures, quand les oppositions sont exagérées, quand l'aspect de l'ensemble est trop violent. On dit : dur de tons, quand les tons sont trop crus, trop vifs, qu'ils n'ont pas de demi-teintes ou de gris qui les assouplissent.

E

ÉBAUCHER. — Commencer, dégrossir, établir les valeurs et le dessin d'un tableau. Une belle ébauche, une bonne ébauche, une ébauche trop faite, trop claire. trop noire, une ébauche noircie.

ÉCHO. — Mettre un écho dans un tableau, c'est rappeler un ton, par un même ton de moindre dimension et d'une violence atténuée. Le rappel est synonyme de l'écho ; mettre un rappel ou mettre un écho signifient la même chose.

ÉCLAIRER. — Action de mettre des clairs, mais on peut aussi éclairer une ombre en y ajoutant par place des noirs très violents qui par leur comparaison avec la valeur de l'ombre semblent l'éclairer.

ÉCRIRE. — Écrire un effet, c'est en marquer la limite des ombres et des lumières. Un effet bien écrit est celui qui ne laisse aucune équivoque : un effet est peu écrit, fortement ou faiblement écrit.

ÉCRITE. — Une ligne bien écrite, une silhouette bien écrite, sont celles où toutes les parties sont nettement découpées.

EFFET. — Un effet bien écrit est celui qui ne laisse aucune indécision, où les ombres et les lumières sont bien tranchées. Un effet est mou quand il est terne, monochrome, sans ombres ni lumières tranchantes. Un effet compliqué est celui où la lumière est éparpillée et que l'œil ne peut juger d'un seul coup.

ÉGALE. — Se dit d'une étude dont chaque partie est peinte également, où toutes choses sont de même pâte, de même épaisseur, peintes d'une manière semblable pour le terrain comme pour le ciel, les arbres, etc.

ÉGALEMENT. — Peindre également, d'une façon égale, monotone, triste.

ÉGALITÉ. — Égalité de valeurs, se dit quand il n'y a aucune partie d'ombre et de lumière plus tranchée que les autres. Égalité de facture, se dit quand tout semble peint de la même façon, par le même procédé ou le même outil ; égalité de ton, se dit quand l'ensemble d'un tableau est triste de couleur, monochrome, terne, sans effet, etc...

EMBU. — L'embu est dû à la peinture du dessous qui n'étant pas assez sèche absorbe l'huile de la nouvelle peinture et lui donne après cette absorption, un aspect mat qui enlève toute la vigueur des ombres et décolore les lumières, qui deviennent grises et ternes. L'embu est un grand inconvénient de la peinture dont il gêne la continuité de l'exécution. On dit : faire revenir l'embu quand on passe de l'huile ou du vernis sur la toile à cet effet. On dit : « Enlever l'embu, désemboire un tableau. »

ENLEVÉ. — Enlevé de verve veut dire qui a été peint sans autre renseignement que le souvenir et peint du premier coup, sans retouches.

ENLEVER. — Enlever une lumière sur un fond ; foncer un fond jusqu'à ce que la partie claire s'enlève et se détache en lumière.

ENSEMBLE. — L'ensemble d'une composition, l'ensemble d'une figure. Un ensemble qui se tient veut dire que les lignes de la composition sont heureusement équilibrées.

ENTIER. — Un ton entier est celui qui ne comporte pas de gris ni de demi-tons ; on pose une touche d'un ton entier, en faisant un ton avec le couteau sur la palette et en l'appliquant tel sur la toile.

ENVELOPPE. — L'enveloppe d'un tableau est la représentation de l'air qui circule autour des objets et en adoucit les contours. Un tableau bien enveloppé est celui où chaque chose est à son plan comme valeur, se modèle sans dureté, se fond, se noie dans l'ensemble.

ÉTEINT. — Éteindre un ton, c'est y ajouter des gris qui diminuent son intensité. Éteindre une lumière, c'est y ajouter des tons moins clairs. On éteint des reflets trop clairs dans les ombres au moyen d'un glacis.

ÉTUDE. — Étude trop faite se dit de celle qui a été trop poussée, trop appliquée, dont la multiplicité des détails nuit à l'ensemble. Études lâchées se dit de celles qui n'ont pas été poussées assez loin dans la recherche des tons et de l'exécution, ainsi que cela eût été nécessaire.

F

FACTURE. — La facture d'un tableau est la manière dont l'exécution est interprétée ; facture simple, facture large, facture légère, facture lourde, facture amusante, facture sans intérêt, facture désagréable, brillante ou bête, pénible ou facile.

FAIENCÉ. — Une peinture qui se craquèle ou se fendille.

FATIGUÉ. — Un tableau fatigué est celui que des retouches trop nombreuses ont rendu pénible à voir, dont la facture hésitante manque de franchise. Un ton fatigué est celui que l'on a retouché plusieurs fois.

FENDILLÉ. — Voir le mot craquelé qui est synonyme.

FIGÉ. — Une peinture qui semble froide et morte. Un dessin figé est celui dont les lignes sont rigides, froides, sans ratures, sèches. Le dessin d'une roue de voiture en marche semble figé s'il montre tous les rayons.

FIGURE. — On dit une figure en parlant de l'académie tout entière, homme ou femme ; la tête d'une figure ; le dos, la face, le profil d'une figure. Une figure en valeur sur le fond, ce terme veut dire que tout le personnage se silhouette en vigueur sur le fond. Une figure s'enlève ou se détache en clair quand elle est plus claire que le fond placé derrière.

FIN. — Un ton fin est celui qui tout en montrant une jolie coloration ne laisse pas percevoir avec quelles couleurs le mélange est obtenu. Une étude ou un tableau fin de tons.

FINI. — Le fini d'un tableau ; l'exécution très poussée ou trop finie.

FLOU. — Un contour flou est celui qui s'estompe et se fond. Le flou c'est le moelleux, le doux, le tendre, le suave, le vague, l'indécis, qu'un peintre sait mettre dans ses tableaux.

FONCER. — Foncer un ton ou une valeur ; les rendre plus noirs, plus forts, plus montés de ton.

FOND. — Le fond, partie qui est placée derrière l'objet qu'on peint. Les fonds d'un paysage, parties des derniers plans qu'on nomme aussi les lointains.

FORCER. — Forcer un ton ; forcer une valeur ; forcer un effet ; veut dire en augmenter la puissance en clair ou en foncé, exagérer le degré de clair ou d'ombre.

FROID. — Froid de ton, aspect général d'un tableau où les lumières et les ombres sont d'une couleur grise, verdâtre ou bleue. Un ton froid est celui qui se rapproche du vert ou du bleu.

FROTTIS. — Le frottis est une façon de peindre en employant très peu de couleur et en ne lui ajoutant aucun liquide. On dit peindre en frottis quand on fait une ébauche où l'on réserve le trait du dessin qui reste apparent au travers de la couleur. Faire un frottis, frotter un ton. La fumée se peint facilement par un frottis.

G

GLACIS. — Couleur qu'on emploie liquide comme pour l'aquarelle. On dit : faire un glacis, passer un glacis sur une ombre pour la foncer ; passer un léger glacis sur une lumière trop vive. Ébaucher en glacis, veut dire de ne pas mettre de pâte. La différence d'un glacis avec un frottis consiste en ce que le glacis peut être abondant dans la brosse, il peut couler même sur la toile de façon à pouvoir l'étendre partout. Le frottis n'est qu'un glacis employé à sec, c'est-à-dire avec une brosse ne contenant presque rien et laissant peu de couleur sur la toile après avoir frotté plusieurs fois.

GRAS. — Un liquide gras est celui qui contient beaucoup d'huile. Peindre gras ou peindre grassement, se dit quand on emploie beaucoup de couleur et que les tons ayant été préparés sur la palette en y ajoutant de l'huile, semblent gras, onctueux et souples, malgré l'épaisseur de la pâte.

GRIMACE. — La grimace d'un effet, s'emploie comme synonyme de la *charge d'un effet*. On dit : tel qui a voulu peindre un effet d'orage, de soleil, de lune, etc., ne nous en montre que la grimace, s'il n'a pas su en montrer tout le caractère grandiose, éclatant ou poétique.

GRIS. — Gris est le contraire de coloré. On dit : un gris très fin, un gris chaud, un gris froid, selon que le ton gris est plus ou moins coloré rouge ou vert. Un effet gris, celui où il n'y a pas de soleil. Chercher le gris d'un ton, veut dire, observer les parties grises d'une coloration, c'est ce qui aide à les faire vibrer ; cela se nomme aussi faire vibrer le ton.

II

HARMONISER. — Harmoniser un tableau, c'est une opération qui consiste à adoucir les parties trop vives ou trop sombres. On dit : harmoniser les tons ; harmoniser les valeurs pour que l'ensemble se tienne.

HARMONISTE. — Celui qui sait harmoniser l'ensemble. Corot était un grand harmoniste ; Rembrandt était plus harmoniste que coloriste.

HEURTÉ. — On dit des tons heurtés quand ils passent trop brusquement d'une coloration à une autre, sans demi-tons. Des valeurs sont heurtées, quand elles passent sans transition du blanc au noir. Un dessin est heurté, quand les lignes accusent trop brutalement les plans.

I

INDIQUÉ. — Parties d'un tableau très peu faites. On dit : c'est une indication ; à peine indiqué ; indiqué en quelques traits légers. Une indication savante, se dit quand l'ensemble d'un paysage ou d'une figure est obtenue par quelques traits généraux qui montrent le caractère des lignes.

J

JOLI. — On dit joli de ton ; joli de couleur quand les colorations sont vives, fraîches et fines. Joli de dessin veut dire que le dessin offre des lignes agréables, établies et balancées avec science.

JOUER. — Faire jouer un ton, c'est le varier par des gris de même valeur qui en se plaçant autour l'accompagnent et le font jouer. Des factures différentes, des touches placées dans divers sens font jouer un ton.

JUSTE. — Un effet juste est celui qui donne bien l'impression. On dit : juste de ton quand le ton est bien trouvé ; juste de valeur, quand les valeurs sont bien observées ; juste de dessin quand les proportions sont exactes.

L

LACHÉ. — Peinture ou études lâchées ; celles qui ont été exécutées sans soin.

LAISSER-ALLER. — Le laisser-aller peut donner beaucoup de grâce à une peinture on à un dessin lorsqu'on sait négliger à propos et à certaines places. On dit d'une partie très peu faite, c'est un laisser-aller, c'est peu indiqué.

LÉCHÉ. — Se dit d'une exécution petite et dans laquelle on n'a pas employé de pâte, où l'artiste s'est trop appliqué partout en posant de petites touches.

LIBERTÉ. — Peindre avec liberté ; peinture libre et facile, celle qui est tellement savante qu'elle se joue des difficultés, s'affranchit des entraves du dessin que l'on retrouve suffisamment dans la touche libre ; peindre librement.

LISSER. — Rendre lisse d'une façon quelconque, lisser avec le pouce, lisser avec le couteau à palette, lisser avec une brosse, lisser c'est égaliser, fondre.

LOCALE. — « Couleur locale, couleur propre à chaque objet, indépendamment de la distribution particulière de la lumière et des ombres. Les peintres vénitiens ont excellé dans les couleurs locales. *Bescherelle.* » Un ton local.

LOUCHE. — Un ton louche est un ton indéfinissable et faux. Des valeurs louches, un dessin louche, c'est-à-dire dont la justesse est douteuse.

LOURD. — Lourd de ton se dit quand le ton est bouché. On dit lourd de forme, des attaches lourdes, dessiner lourdement quand les traits sont gros et les attaches trop grosses.

LUISANT. — Le luisant du verre, le luisant d'un ton de chair, le luisant du nez. On entend par luisant une chose qui luit sans être aussi puissante que le brillant. On dira le brillant des yeux, mais on dira le luisant du visage ou le luisant d'un tableau trop verni.

M

MAIGRE. — Une exécution ou une facture maigre, un apprêt maigre. Un liquide maigre est celui qui contient plus d'essence que d'huile.

MAROUFLER. — Maroufler une toile, c'est l'action de coller une toile sur un mur, un panneau ou une autre toile.

MASSER. — Masser les ombres, c'est en établir le volume sans rien détailler. Indiquer les grandes masses d'ombre et de lumière.

MEUBLANT. — Les tableaux meublants qui se vendent à l'hôtel des ventes sont des tableaux de commerce qui n'ont aucune valeur et se vendent avec les meubles pour garnir les appartements.

MEUBLÉ. — Un paysage meublé d'animaux et de figures.

MIÈVRE. — Une facture petite, pauvre, mièvre.

MINCE. — Peinture mince, celle qui est exécutée sans pâte, modelée avec peu de chaleur.

MODELER. — Modeler une partie, c'est la faire tourner, lui donner du relief au moyen des ombres, des demi-teintes et des lumières.

MONTÉ. — Monté de ton, qui est vigoureux, fort en couleur. Remonter un ton c'est le rendre plus coloré et plus foncé ; remonter les valeurs d'un tableau, c'est le rendre plus foncé et plus vigoureux d'effet.

MOTIF. — Un motif bien choisi ; un beau motif ; le choix d'un motif demande une connaissance approfondie des règles de l'art. Quand on débute, on ne sait pas trouver le motif, parce que l'on n'a pas la science de la composition et que l'on ne se doute pas de l'ordonnance et du balancement des lignes. Le motif d'un tableau, est le sujet du tableau. On dit ; c'est un beau motif.

MOU. — Un dessin mou, celui dont les lignes sont rondes et dont les ombres sont peu apparentes ; une facture molle ou sans vigueur ; des ombres molles. Un effet mou, celui qui n'a pas de lumières ni d'ombres.

N

NÉGLIGÉ. — On néglige certaines parties volontairement, afin d'enlever l'égalité et la monotonie d'une exécution partout semblable.

NEUTRE. — Un ton neutre, une couleur indéfinissable, sans éclat.

NOIRCI. — Certaines couleurs noircissent quand on les mélange avec d'autres ; le siccatif fait noircir les tons. Un tableau noirci.

NOTE. — Mettre une note claire ou colorée ; faire vibrer une note, la faire chanter en plaçant autour sa couleur complémentaire.

NOTER. — Noter un ton pour s'en souvenir.

NOURRI. — Nourrir les dessous, c'est peindre fortement, avec empâtement ; un ton nourri est celui qui est peint avec abondance.

O

ORIGINALITÉ. — Originalité de touche ; touche qui est particulière, personnelle, une exécution originale.

P

PASSER. — Passer un ton dans un autre, c'est donner un coup de brosse ou de pinceau qui fond les deux tons sans arrêt. On dit le passage d'un ton. Les tons sont bien passés.

PATE. — La pâte est la plus ou moins grande épaisseur de couleur dans une peinture. Peindre en pâte, en pleine pâte, en demi-pâte, en pâte souple et grasse.

PATTE. — Avoir de la patte, c'est être habile, adroit, avoir de la main. La patte est un défaut voisin du chic.

PERSONNEL. — Tableau bien personnel. Un faire personnel. Une exécution, une manière personnelles. La personnalité en art est une qualité essentielle.

PLAT. — Un tableau plat est un tableau sans effet et sans relief. Mettre, coucher, poser un ton à plat, s'emploie pour tout ce qui est local, sans ombres ni lumières.

POCHADE. — Etude peinte dans une seule séance. Une pochade très faite. Indiquer en pochade, c'est esquisser par à peu près, sans rien étudier. La pochade est un croquis de couleur.

POCHER. — Pocher un ton, c'est le poser du premier coup, sans retouches.

POISSER. — Un apprêt qui poisse, des tons qui poissent ; inconvénient qui résulte de l'emploi de l'huile et du siccatif en trop grande quantité.

POSER. — Poser un ton, poser une note de couleur, poser une lumière.

PRENDRE. — Laisser prendre la couleur, c'est attendre le moment où elle commence à sécher. Quand la couleur commence à prendre, elle poisse au toucher. On laisse prendre un glacis, puis on y ajoute tel ou tel ton avant qu'il ne soit sec.

PRÉPARER. — Préparer un ton, c'est le composer avec les couleurs nécessaires à cet effet et le laisser sur la palette pour l'employer à l'occasion. Préparer les dessous d'un tableau ; préparer des toiles et des panneaux.

Q

QUALITÉ. — La qualité fine d'un ton. Les qualités multiples d'un tableau.

R

RAPPEL. — « Se dit, en parlant des lumières d'un tableau dans le même sens que écho, il exprime l'artifice par lequel le peintre dirige à son gré l'attention du spectateur sur les diverses parties de sa composition, en mesurant en quelque sorte à chacune, la lumière, suivant l'ordre dans lequel il veut que la vue se porte de l'une à l'autre. L'art de disposer les rappels de lumière procède de l'entente du clair-obscur et concourt puissamment à l'effet pittoresque, en même temps qu'il contribue à faire se présenter avec ordre les idées du peintre. *Bescherelle.* »

REFLET. — Un reflet de lumière dans l'ombre est un clair-obscur. Un objet rouge vif met un reflet rouge sur les objets qui l'entourent. Éclairer des objets par reflet.

REHAUTS. — Rehausser d'or. Mettre des rehauts. « Retouches en hachures brillantes servant à faire ressortir des figures, des ornements, des moulures peintes ou dessinées. Rehauts blancs sur fond bleu. Dessins à rehauts d'or. *Bescherelle.* »

RELEVER. — Relever d'épaisseur, c'est dessiner et donner le relief d'un corps par les ombres et les lumières. Le peintre de lettre commence par filer les traits d'une lettre, puis il la remplit et la couche à plat, ensuite il la relève d'épaisseur en traçant la perspective d'épaisseur des lignes, il peint les ombres, et enfin il éclaire les parties où il pose le ton clair.

RENDU. — Un effet bien rendu, qui est bien juste d'effet. Des détails rendus avec une vérité saisissante. On dit aussi : comme rendu, ces détails sont surprenants.

REPIQUER. — On repique, on met un repiqué. Repiquer c'est ajouter une ombre plus forte dans une autre ombre. Exemple : quand on peint le fond d'un plat ou d'une assiette placée sur une table, lorsqu'on a peint l'ombre portée par l'assiette, on la détache par un repiqué qui vient mettre un petit fil noir entre l'assiette et la table.

ROMPU. — Un ton rompu, celui qui n'est pas franchement d'une couleur. Un rouge rompu, un vert rompu, etc. Rompre un ton, c'est y ajouter des mélanges qui le rendent indéfinissable.

S

SACRIFICES. — Il est indispensable de faire des sacrifices pour concentrer l'effet sur un point unique. L'art des sacrifices ne peut s'acquérir qu'avec une longue pratique de la composition. Le peintre qui ne sait pas sacrifier ne produit que des compositions banales, parce que l'intérêt se disperse et que le regard ne peut se fixer sur un point étant sollicité partout,

SALE. — Sale de ton : se dit quand l'ensemble des tons semble rance. C'est en opposant des tons sales que l'on augmente la finesse et la fraîcheur des colorations. Dans un ciel fin, une tache voulue par un ton sale augmente la finesse générale.

SEC. — Peindre à sec : faire des retouches à sec ; se dit quand on ne repeint pas toute une partie et qu'on ajoute une retouche. On peint des fumées de cheminée par des frottis à sec.

SÉCHERESSES. — Une exécution sèche, dure, est celle dont les passages de l'ombre à la lumière sont brusques. Un contour sec est celui qui manque de fondu. Les sécheresses empêchent l'enveloppe. C'est en voulant trop dessiner et détailler toutes choses que l'on se laisse entraîner à peindre sec.

SENS. — Peindre dans le sens du poil quand on peint la robe d'un cheval. Le sens d'un coup de brosse a une grande importance pour le modelé ; le même ton peint en long, en large ou en diagonale produit des nuances différentes. Il est indispensable d'observer le sens quand on peint puisque le sens aide ou détruit le modelé.

SIMPLE. — Peindre simple et sans détails ; la simplicité de l'exécution sied aux peintures murales ; des valeurs simples ; des lignes simples et grandes ; simplifier, synthétiser.

SOURD. — Un ton sourd, sans éclat, synonyme de lourd et de bouché ; des colorations sourdes, rompues, imprécises.

T

TABLEAU. — On dit : cela fait tableau, quand les lignes composent un ensemble selon les exigences de l'art. Ceci est capable de faire une ravissante étude, mais ne fait pas tableau.

TENUE. — La tenue d'un tableau. Un tableau qui manque de tenue est celui où il existe des notes discordantes. Tableau d'une belle tenue, celui dont les valeurs sont justes, dont le dessin est irréprochable, où l'enveloppe est bien observée.

TOILE. — Mettre en toile, c'est disposer les lignes de la composition. On dit : c'est une bonne mise en toile, quand les lignes sont heureusement disposées dans un tableau. La mise en toile d'un portrait demande beaucoup d'expérience pour que la tête se trouve bien placée.

TON. — « Se dit des teintes selon leurs différentes natures et leur différent degré de force et d'éclat. Tons obscurs, tons clairs, tons chauds, tons vigoureux, tons fins, tons rougeâtres, tons verdâtres, etc. » Voir *Bescherelle*.

TONALITÉ. — On dit : une tonalité charmante, pour parler d'un tableau dont les tons et la gamme générale forment un ensemble agréable. Tonalité rose, tonalité chaude, grise, froide, etc.

TOUCHE. — La touche est la manière dont le coup de brosse ou de pinceau est donné. Une touche simple et plate ; une touche forte, large, épaisse, mince. Une touche grasse, facile, dure, brutale, etc. La touche a une grande importance dans l'exécution, elle exprime la nature de l'objet représenté, on ne peut employer la même touche pour peindre un rocher ou un nuage, etc.

TOUCHER. — Toucher un ton, veut dire n'en prendre qu'une minime partie dans la brosse, pour la mélanger avec d'autres.

TOURMENTÉ. — Un dessin tourmenté est celui qui manque d'unité ; des valeurs tourmentées, sont celles qui ne sont pas simples et ne concourent pas à un effet unique ; des colorations tourmentées sont celles qui manquent d'harmonie.

TRUC. — Le truc est l'emploi d'un outil quelconque qui produit des hasards d'exécution que le peintre ne pourrait obtenir sans lui. De la peinture truquée. L'apparence d'une chose obtenue par un truc. Le truc doit être exclu, car il rabaisse l'œuvre d'art au niveau du tableau de commerce en montrant le métier de l'ouvrier peintre.

V

VALEUR. — On entend par le mot valeur, la distance du noir pur au blanc pur en passant par toutes les demi-teintes. Exemple : un gris foncé est d'une valeur plus forte qu'un gris clair.

VIBRER. — Faire vibrer un ton, c'est l'entourer de sa valeur complémentaire, pour lui donner le plus d'intensité possible.

VIGUEUR. — On entend par vigueur la force des tons ou des valeurs. Remettre des vigueurs, c'est augmenter les colorations, foncer les ombres et faire éclater les lumières. Un ton vigoureux. Une étude très vigoureuse est celle qui est le contraire d'une étude molle et plate ou décolorée.

ÉVREUX, IMPRIMERIE DE CHARLES HÉRISSEY